U0369479

可复制的私域流量

私域流量实战指南

尹基跃 著

机械工业出版社
CHINA MACHINE PRESS

本书是笔者在操盘上百个品牌私域流量案例后总结出的可复制的方法论，是一套私域流量循环变现的运营体系。本书从高阶认知、精准引流、精细运营、裂变增长、成交变现、体系搭建6大板块系统讲解了如何从零开始搭建自己的私域流量池，细化到方案话术、执行流程、活动策略，真正让读者可理解、可实操、可变现，真正让更多企业能留住用户，发掘用户全生命周期价值。

图书在版编目（CIP）数据

可复制的私域流量：私域流量实战指南／尹基跃著.
—北京：机械工业出版社，2020.4（2025.3重印）
ISBN 978－7－111－64878－9

Ⅰ.①可…　Ⅱ.①尹…　Ⅲ.①网络营销-指南　Ⅳ.
①F713.365.2－62

中国版本图书馆 CIP 数据核字（2020）第 033644 号

机械工业出版社（北京市百万庄大街22号　邮政编码100037）
特约策划：坚喜斌　　　　　　责任编辑：坚喜斌　刘林澍　刘　洁
策划编辑：坚喜斌　　　　　　责任校对：张艳霞
责任印制：单爱军
保定市中画美凯印刷有限公司印刷

2025 年 3 月第 1 版·第 12 次印刷
169mm×239mm·15.5 印张·1 插页·202 千字
标准书号：ISBN 978－7－111－64878－9
定价：59.00 元

电话服务　　　　　　　　　网络服务
客服电话：010-88361066　　机 工 官 网：www.cmpbook.com
　　　　　010-88379833　　机 工 官 博：weibo.com/cmp1952
　　　　　010-68326294　　金 书 网：www.golden-book.com
封底无防伪标均为盗版　　　机工教育服务网：www.cmpedu.com

前　言

　　"私域流量"这一术语通过百度指数查询，最早出现于2018年6月，2019年初，百度指数开始直线上升，同时各个平台、各个行业也都在谈论"私域流量"。不到一年时间，"私域流量"成为2019年互联网运营圈的"网红词"。

　　在"私域流量"这个词语出现之前，很多品牌方也一直在做流量私域化的事情，包含微商、社交电商、社区团购等都是品牌方使用自己的私域流量搭建自己的销售体系。我们从2015年开始从事区域自媒体创业，创业期间服务了上千家区域品牌，辅助品牌方快速打开本地化市场，构建自己品牌的流量池。自"私域流量"一词出现后，我们将原先服务过的上百家品牌搭建自有流量池的经验，打磨成课程，提炼出能力模型，设计了训练营，向更多品牌赋能。期间我成为新榜学院私域流量金牌讲师、有赞学院私域流量金牌讲师，服务了数家连锁品牌与机构，同时成为雀巢、污师洗涤颗粒、快乐分享、约读书房、极加教育等数十家品牌的私域流量顾问，创建了私域流量循环变现4.0体系，将品牌流量私域化的过程不断拆解，最终形成一套可复制的私域流量体系搭建方法论。使用这套方法论，品牌对用户的服务能力提升了9~10倍，单一销售终端业绩提升40%~75%，一小时通过微信群为购物中心线上卖货100万元，一周搭建20万用户的流量池……在不断的实操中我不断总结方法，力求把最具可复制性的私域流量能力赋予更多有需要的品牌，让更多品牌方能够正确认知到什么是私域流量，要如何去做自己的私域流量。影响更多品牌打造自己的私域流量池，是笔者写这本书的初衷。

这本书不仅仅写给线上互联网品牌，更多的是写给线下实体门店的，线上品牌方可以参考线下流量体系的运营来为自己的产品赋能。这套方法论曾服务于一个微商品牌，他们的代理商大多数都是做线下服装门店的小老板，这个品牌方在学习完这套体系之后，以为服装门店赋能的形式，快速获取了数千名服装门店代理商。很多线下实体门店的运营和营销方法还比较传统，甚至很多中小线下品牌还不能理解什么是私域流量。操盘了上百个私域流量案例之后，笔者发现，流量最有价值、最低成本的来源还是线下门店。如果你有自己的门店，你知道每天进店量有多少吗？用户走了之后还能够持续触达对方吗？95%的门店经营者都是不清楚的。

为了能够帮助读者更好地阅读这本书，你可以通过这本书的前言来更好地了解这本书的结构，避免在无用的文字上面浪费太多的时间。本书主要分为6大板块，即高阶认知、精准引流、精细运营、裂变增长、成交变现、体系搭建，还包含一个附录——实操练习清单。如果你已经对私域流量有过了解，就可以跳过第一个板块"高阶认知"，该板块主要讲解什么是私域流量及私域流量的重要性，这在很多文章、书籍中都有介绍。第二个板块"精准引流"写了如何从零开始冷启动流量池，在精准引流之前应该先将产品细分，将用户画像尽可能描述清楚，同时讲到了全渠道引流方法及一些常用的引流工具。第三个板块"精细运营"主要讲解在私域流量主要载体中如何进行精细化的运营，包含每天的工作SOP及用户分层管理等。第四个板块"裂变增长"，举例说明了常用的几种微信生态的增长策略及路径，同时列举了几个裂变增长的实操案例，可直接实操复制。第五个板块"成交变现"，主要讲解用户购买的底层逻辑，用户为什么买，成交的策略是什么，如何使用潜移默化的影响和浪潮式发售，如何通过朋友圈、微信群、私聊卖货。第六个板块"体系搭建"，主要是私域流量在购物中心、单店、连锁门店等线下场景中的具体应用的解决方案。如果你想为自己的品牌搭建一个流量体系，这部分内容最好能重点阅读。同时在第六个板块中还讲解了如何搭建一支私域流量运营团队，以及团队的职责。除了这六个板块外，在最后还附带一个实操练习清单，包含每日工作清单、实操内容等，希望能够辅助你更好地去理解什么是私域流量，以及更好地做好自己的私域流量池。

最后，希望这本书能为你开启一个新的流量运营视角，将你的流量变成你的流水。

目　录

第 2 章　精准引流

不是流量越来越贵，而是便宜的流量被你浪费

第 3 章　精细运营

精耕细作，重视每一个客户

第 4 章　裂变增长

无裂变，不引流

第 5 章　成交变现

任何不以成交变现为目的的流量运营，都是在浪费时间

第6章 体系搭建

任何竞争都是
体系的竞争

第 1 章

高阶认知

不懂私域流量就像守着金矿在乞讨

私域
流量

"我把你当朋友，你却把我当私域流量。"

企业必须获取流量。15 年前，租一个好的门面房，就可以获取到源源不断的人流。10 年前，注册一个网站，通过广告投放和分发，也可以获得很多流量和曝光。5 年前，注册一个公众号，投放广告的人排队到一个月后才能约上档期。而今天，在移动互联网时代，用户注意力被高度分散，时间碎片化加剧，抖音、快手、微博、小红书、微信等流量平台层出不穷。由线下流量转向 PC（个人计算机）流量，再到移动互联网流量时代，流量入口在变迁，用户也在持续变迁，流量在哪儿，用户就在哪儿。但是很多企业、品牌依旧在原先自己所熟悉的流量平台进行引流，导致获客成本持续攀升，用户黏性降低。

"私域流量"这个词于 2019 年开始火了起来，但最早在 2015 年的淘宝电商时代，很多淘宝品牌商家就会在发货时在物流包裹里面放置上引流小卡片，比如：扫码添加微信给好评返现的活动，就是淘宝商家在进行流量私有化的过程。那么为什么 2015 年就有品牌在做的事情，现在又火起来了呢？在这个过程中发生了什么？私域流量就是微商吗？把客户加到微信上就可以了？不知道你对私域流量是如何理解的，有何问题。希望本章内容能给你解决一些疑虑。

1.1 什么是私域流量

1.1.1 任何生意的本质，都是在做流量的生意

在了解私域流量之前，先理解一下什么是流量。一切生意的本质都围绕着三个核心关键词：产品、流量、转化率。如果你是卖婴幼儿服装的品牌，产品是婴幼儿服装，宝妈是主要消费用户群。符合你的用户画像的人群都存在于哪些地方？你要去考虑你的流量的来源，是一次性的，还是可以源源不断地进入你的产品流量池里面？你的流量入口可能存在于各类母婴用品店、宝妈微信交流群、宝宝树网站等。用户进入你的流量池之后，你采用产品价格分级的形式来提升用户的消费转化率，最终提升产品的销售额。从产品开发、用户推广到消费购买的整个过程一直是在围绕产品、流量、转化率三大关键词来进行的。

产品销售既需要流量，也需要高转化率。线上产品尤其要抓住用户的注意力。可以通过 4 个技巧来提升用户对线上产品的注意力：①新奇的内容。人对于新事物的向往，源于一种最原始的情绪：恐惧。远古时期，在任何一个生存区域内，全新事物的出现，都有可能对原始人的生存造成极大影响。②全新的方式。不仅仅是新的内容，新的信息传递方式同样会引起用户的注意，这就意味着没有一种传递方式是固定有效的。③制造紧迫感。罗伯特·西奥迪尼的《影响力》一书中有专门的一章来讲述稀缺的作用，人对于稀缺的资源有难以抗拒的追逐欲望。虽然看起来很俗套，在文案界也被一些人视为恶俗，但类似于"开业五年仅此一次，错过再无""赶紧看，马上要被删除"这样的信息却往往能带来很高的浏览量。④价值。价值始终是吸引关注的利器。早晨打开公众号，一些标题为《应届毕

业生为什么可以月入两万元》《拿到 8 000 + 的工资其实很简单》的文章，也轻松获得了比同位置其他文章更多的阅读量。每个人都有趋利的本能，因为带来利益的信息，有可能给人的生存条件带来巨大的改变，所以一旦出现利益相关的信息时，人的潜意识都会网开一面，将其提供给主观意识进行审视，自然容易赢得更多的注意力。在谈论价值大小的同时，还要关注价值与用户的相关程度。贴近用户生活的信息，更容易让用户投入注意力。

对于线下产品，流量就是人流。根据线下产品"人流漏斗原理"，最上层的一级流量来源于 58 同城、赶集网、百度贴吧、美团、大众点评、饿了么等线上平台，二级流量来源于本地微信群、微信公众号等网络交流平台，三级流量来源于门店所覆盖的小区、写字楼的人群数量，四级流量来源于从门店路过的人流，五级流量是到店量，也是在五级流量漏斗里面最核心的流量层级。你的产品或者门店的五级流量池都是怎样的呢？

1.1.2　公域流量与私域流量的定义

在详细了解私域流量之前，先来了解一下私域流量的对立面"公域流量"。什么是公域流量？我们来给公域流量下一个定义：理论上任何人都可以接触到的流量；这些流量是公共资源，要想让公域流量里面的群体关注你，要么花钱买，要么用资源换；公域流量是属于大家共有的，不属于你自己。

私域流量的定义：私域流量是属于企业、门店、个人自己的，可以随时、自由、免费使用与触达的，沉淀在一定密闭空间中的流量。

我们依据定义，来判定一下公众号、小程序、抖音、快手等，哪些属于私域流量载体？对于公众号，只有用户点击进去的时候才能触达到，每天最多还只能影响用户一次（媒体类公众号除外）；小程序虽然有 7 天的消息提醒时间，但是不能够随时推送信息；抖音和快手都属于视频信息流推荐机制，即使你想要持续影响你的用户，却也无法直接触达到他们。这些平台可以成为你留存粉丝的载体，但不是私域流量的最佳载体。因为你无法随时、随地、自由、免费地触达到你的用户。

那最佳载体是什么呢？来看几个数据的对比：微信公众号的自然打开率只有 0.8%，也就是 10 万粉丝时自然阅读量才 800；而短信的打开率更低，只有 0.3%，现在短信的主要作用是接收验证码。

但是，朋友圈的打开率依旧高达 85%，也就是说如果你有 5 000 个好友，你发一条朋友圈，原则上其中会有 4 000 多人能够看到。

可见，对比结果：微信个人号是私域流量更好的载体。

1.1.3　私域流量具有相对性

私域流量具有相对性，比如淘宝在中央电视台做广告，那么收看中央电视台的观众就是淘宝的公域流量，而淘宝的商家，通过将使用淘宝购买产品的用户引流到微信个人号上面，这些淘宝用户就成了商家的私域流量。

淘宝、京东、拼多多、抖音、快手、微博等平台都属于个体品牌的公域流量，通过营销策略，将公域流量里面的鱼捕捞到我们自己的小池塘里面，在小池塘里面养熟、留存，实现流量变现，再通过裂变的形式使鱼不断繁衍，就是运营私域流量。

网络中最困难的一点就是建立可靠的信任关系，私域流量的运营本质就是在经营用户的信任关系。

1.2　为什么会有私域流量

1.2.1　线上流量红利的消退

1. 什么是流量红利期

流量红利期具体指互联网产品访问流量中新用户不断增加，用户平均消耗时长不断增加的阶段。2013 年到 2015 年，是微博流量红利期，也是小米崛起的时期。那时除了小米，没有品牌在真正的商业意义上用好了微博的流量红利，小米用微博流量既做了品牌，又做了宣传，还做了客服，同时培养了粉丝。

2. 流量红利消退

根据 QuestMobile 发布的《中国移动互联网 2019 半年大报告》，2019 年第二季度中国移动互联网月活跃用户规模从 11.38 亿下滑至 11.36 亿，减少了 193 万。193 万的降幅并不多，但它代表的趋势却让人担心，蛋糕自然增长的红利没有了，接下来很可能就是相互抢蛋糕的时间。对于电商而言，互联网"流量红利"的见顶和消退，已不仅仅表现为网民数量增速放缓、趋于饱和，还表现在随着物流、人力成本的上升，电商平台已经难以获得廉价流量的支撑了。

1.2.2　获客成本居高不下

1. 什么是获客成本

比如你在小区门口开了一家饭店，每天有 3 000 人从你的饭店门口路过，其中有 200 人会到你的店里就餐，你每天的房租、人力成本是 2 000 元，那么你的获客成本就是 10 元（成本/就餐人数）。

获客成本（Customer Acquisition Cost），顾名思义，就是获取客户所花费的成本。上述案例中，房租、人工就是成本，为了方便计算，我们忽略了进货等成本。客户没有明确的定义，但一般是指带来商业价值的用户，比如上述案例中，3 000 个路过门店的人中，产生付费行为的 200 个人就是你的客户。

在电商领域中，比如你新开了一家淘宝店铺，需要获取客户，你可以请自媒体大 V 做推广，也可以在今日头条等媒体上投放广告。你投放广告花费 5 万元，带来了 5 000 个成交用户，那么你的获客成本就是 10 元。

2. 获客成本为什么居高不下

知道了获客成本的含义，你对获客成本逐渐走高的原因有什么想法呢？这个要从获客的整个流程入手，我们以投放广告为例，进行流程拆解，如下图所示。

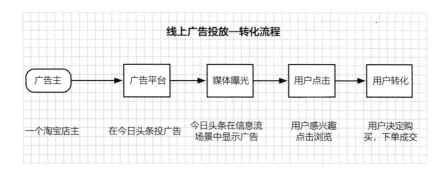

如果你是一个电商创业者，上架了一款新的产品，希望获得更多的流量，而大部分流量主在广告平台上面，随着流量红利的急速下降，在流量有限的情况下，广告主为了争夺流量不得不提高推广价格，这将导致广告竞价提高。

同时，广告平台会提高推广费用。如今流量已经被几大巨头掌握，如百度系、腾讯系、今日头条系、阿里巴巴系、360 系，各家都有自己的广告平台，几乎垄断了流量市场。这些流量巨头具有话语权，也拥有提价能力，为了追求更多的商业利益，他们会收取越来越多的推广费。

在用户转化阶段，目前各产品同质化严重，用户会对同类产品精挑细选，你的产品如果口碑不好、质量不好、性价比不高，就根本没有竞争力，转化成本因此逐步提高。

通过全链路分析，品牌方在各个节点所支出的费用不断提升，直接导致了品牌方获客成本的提升。

1.2.3　消费时代的变迁

1. 互联网的整体发展路径

在早期门户时代，搜狐、腾讯、新浪、网易四大门户网站解决了互联网上面没有信息的问题。那时在线上流量的获取方面，基本上解决好门户网站，就拿到了中国互联网线上流量的超级入口。

后来谷歌、百度、360、搜狗等搜索引擎的出现，解决了信息的搜索和归类问题，使得互联网用户在通过网络进行信息检索时，获取到的信息更加精准，同时互联网品牌方进行线上流量投放时也会根据各类搜索引擎的算法，来优化网站、关键词，诞生了 SEO（搜索引擎优化）这个行业。

再后来人人网、QQ、微信、脉脉、陌陌等各类社交平台出现，互联网上诞生了大量的"人"，流量分配权不断下沉。现在，是自媒体的时代，每一个人都是一个流量，每一个人又都是一个媒体，是一个传播的节点。互联网的整体发展从中心化流量时代走向个体流量时代。

2. 用户消费习惯的改变

以中国互联网的整体发展路径为基础，用户的消费场景可以分为线下购物、电商购物、社交购物 3 大场景。早期是集市、商业街、购物中心等线下交易场景，后来发展到电商时代，用户通过淘宝、京东、天猫进行消费，然后 2014 年随着微商的出现，第三大消费场景出现，用户开始通过微信进行消费。

(1) 线下购物

线下消费场景，是最原始，也是最主要的消费场景。如果消费者要购买一套西服，那么在线下的各类购物中心、商业街的门店中，消费者会进行品牌、门店、价格等不同的对比，再通过试穿感受产品的质量，通过理性的判断来决策要购买哪个品牌、什么价位的衣服。

(2) 电商购物

电商的出现扩大了消费者的购买区域，原先需要到达当地才能购买的产品，现在只需要网络就可以达成交易。如果消费者要通过电商购买一套面膜，她会先通过淘宝、京东、天猫等电商平台进行搜索，在评价、销量、价格、物流等多个维度进行筛选和对比，然后再决定是否要下单购买。在电商购物的场景中，用户需要对比的维度相比于线下购物场景会更多，因为线下购物还有一个可进行售后服务的载体，这个载体是用户自己可触达的，而在电商的场景中，用户的售后服务需求是无法得到及时满足的。用户只有经过更多的对比和筛选，才能够与电商品牌建立起信任关系。

(3) 社交购物

微商出现之前，在人人网、QQ 空间就已经有了通过社交平台进行交易的场景，只不过那时候还没有比较好的支付工具。微商的出现很大一部分原因是微信支付的完善，用户只需要在聊天对话框里面进行即时转账，就可以完成单次交易。微商的出现代表了微信生态社交购物场景的崛起。在一次线下课堂中，笔者调研过在微信朋友圈内买过东西的人数比例，现场 300 人中，有接近 200 人在微信朋友圈内买过东西。在这个基础上，我又调研了这 200 人在朋友圈里面买东西是否会经过各种对比，比如会把朋友圈的产品与实体店或者电商平台进行对比，其中 70% 的人表示不会进行对比，大多数人在微信生态里面成交小额度产品时，是不会经过理性分析的。如果你在朋友圈里面刷到原价59元的水果现在只需要39元，而且还包邮到家的信息，尽管在看到这条朋友圈之前你没有想要买水果的计划，但是看到这条朋友圈内容后，激发了你的购物欲望，哪怕自己现在不需要，也会担心错过。这就好像你在朋友圈里面刷到附近你经常光顾的餐厅的老板发了一条朋友圈"今日特惠日，菜品半价"，然后配了几张让人特别有食欲的图后，本来没有计划到他家吃饭的你，也被激发出了消费的欲望。

我们来分析线下、电商、社交购物这3个万亿级的消费场景。在早期的线下消费及电商消费场景中，用户产生消费动作时会调动理性分析，也就是会通过线下或者线上进行搜索对比，对比品牌、价格、性价比，再看各种评价，属于理性消费。

但是在微信生态体系里面，用户的消费习惯被改变，更多的是在朋友圈看到一个产品，然后觉得这个产品还不错，就产生了购买的欲望。这个过程很少调动理性的决策，在微信、社交电商的生态中，更多的是感性消费，是一种截然不同的消费类型。

随着用户消费决策回归感性，品牌营销认知中人性回归，在私域流量时代，品牌广告的方法论得以回归本性，圈定同一画像用户，反复触达，像经营恋爱关系一样经营品牌和用户之间的关系。

1.2.4　线下流量被浪费

笔者曾经服务过一家服装连锁品牌，该品牌在全国有接近100家直营门店，每家门店平均有8名导购，每家门店每天的进店量平均为300人，节假日人流量较大，周一到周五的工作日期间人流量较少，100家门店每天的进店量有3万多人，全年有1 000多万人次到店。该连锁品牌因为没有做任何将线下流量导流到线上的动作，只是简单地引导用户关注公司的服务号,在结账时注册会员领取优惠券,导致公司的服务号只拥有15万粉丝,推一篇文章,阅读量还不到1 000,造成大量客户没有留存,品牌方无法随时触达到潜在用户。

如果这个服装品牌提前一年就通过线下导购,将到店的客户引流到品牌方打造的微信个人号内,每天按照10%的线上引流转化率,一个月留存按80%计算,单日全门店有效导流至线上3 000人,留存2 400人,全年可积累百万精准粉丝流量。保守计算单个粉丝全生命周期可创造100元的利润,单是通过将线下流量引流到线上,就可以给品牌方增加上亿元的利润,这还没有计算通过私域流量池的建立省下来的广告支出成本。

拥有100家直营门店的服装品牌对于线下实体门店的营销和各类推广活动已经做得相当成熟,依旧没有实现将线下流量导流到线上,进行全生命周期的运营与可持续增长。而只拥有几家门店的线下实体店品牌更没有将线下流量导流到线上进行成交维护的思维,这类门店数量庞大,每天浪费掉的流量价值也同样巨大。

1.3 公域流量与私域流量成交对比

1.3.1 流量维度

在公域流量池里,商业模式在于不断扩大用户基数,而在私域流量池中,更注重用户的互动和分享,用户黏性与忠诚度更加重要。

1.3.2 成交场景

在公域流量池里,用户的成交环境被称为"冷环境",因为用户在成交前,与品牌方或者产品方并没有建立起联系。在私域流量池里,用户是先与品牌、产品方建立起了某种连接，才会产生成交，属于"热环境"，同时用户与品牌方之间、买方与卖方之间还是"半熟人"关系。

1.3.3　市场营销

从《绝对价值：信息时代影响消费者下单的关键因素》这本书里会看到这样一个模型，把它翻译过来就叫 POM 模型。P 即 Prior：个人感知，O 即 Others：他人的评价，M 即 Marketers：企业营销，这是整个营销过程当中非常重要的三个因素。

个人感知不稳定，他人评价可信而多样，P 在营销决策中的份额被 O 和 M 瓜分，而在私域流量营销方法论中 O 的崛起削弱了 M。公域流量中的营销推广大多使用付费推广的流量思维，私域流量中的营销推广是基于粉丝经济的社会化营销。

1.3.4　成交渠道

在公域流量体系内，成交的渠道线上来源于淘宝、天猫、京东、拼多多等电商平台，线下来源于门店的随机成交。而在私域流量体系内，成交的渠道发生了巨大的改变，例如，新晋美妆品牌"完美日记"在抖音、小红书、微博等公域流量平台引流至完美日记微信个人号"小完子"上面进行成交。在私域流量体系内，成交的渠道更多的是在微信朋友圈与微信群内，也会借助有赞这样的商城小程序进行下单成交。

1.3.5　购买决策

在公域流量体系内，用户消费前与品牌方是没有任何关系的，用户在购买时会根据产品的质量、价格、好评量、销售量等维度进行综合考虑，决定是否要购买，这是由价格、品牌驱动的消费决策。在私域流量体系里面，用户产生购买行为的决策机制是基于用户与品牌之间的信任关系，通过熟人推荐、口碑传播、粉丝效应来影响用户的购买行为。

1.4　私域流量的 5 大核心价值

1.4.1　社交价值

用户的社交价值所带来的是传播和口碑，私域流量中的用户处于大量熟人或者半熟人关系连接而成的热环境之中，主要依托微信等移动社交平台分享传播，同时也带来了更强的用户黏性。

你会为了一杯奶茶排队等待 2 小时吗？在饮品独角兽品牌喜茶、奈雪的茶门店，消费者基本都要排队一个小时以上，才能够买到一杯水果茶，因为太过火爆，还激发了"黄牛党"，在北京喜茶三里屯店，每次经过时都会有至少 3 个"黄牛"在倒卖喜茶的排队号。凡是买到茶的用户，会第一时间拍照片并分享到社交平台，茶已经不仅仅是一款饮用的产品，更是一个用户的社交货币。

如果你的产品在用户心智中变成了一种社交货币，就会激发用户的自主传播，这类产品不仅仅包含实用性，还包含美观、服务、环境及其他用户能够感知到的要素。

找到并利用好自己产品对于私域流量用户的社交价值从而让用户传播，要比品牌方自己投放广告价值高十倍以上。

1.4.2　角色价值

在传统的交易环境里，品牌方与客户之间往往只是销售方与消费者的关系，用户只有单一的角色。而在私域流量的交易环境中，消费者不仅仅是一个购买品牌方产品的人，还可能是传播者、销售者，用户的角色发生了变化。

在知识付费领域，引流策略用得最多的就是分销引流，品牌方会开发出9.9元、19.9元或者39.9元的低价付费产品，用户购买完成之后可生成属于自己的分销海报，分销海报激发了用户的传播意愿，当用户传播到朋友圈、微信群中后，一旦有人购买，该用户就可以获得90%的返佣。在这个过程中，品牌方与用户之间建立起了代理分销关系，与传统的代理分销不同的是，这个过程是没有门槛的，哪怕是用户不购买产品，也可以选择参加分销。

对于品牌的超级用户，可以通过特殊权益来进行维护，比如给予超级用户高级分销权限、推荐返佣金的奖励。如果是实体店，可以授予超级用户梦想合伙人、品牌代言人等特殊头衔，来激发超级用户的多重角色。

1.4.3　服务价值

在传统线下交易的环境中，用户需要到达物品所在的场所与销售者进行面对面的售前咨询，一旦发生售后问题，用户还需要再次到达销售场所才能进行售后处理，造成用户大量时间的浪费。在私域流量体系内，品牌方可以在交易的前后环节中，给用户提供问题咨询、经验分享等服务型内容，让用户产生依赖性，进而提高购买率和复购率。

有一家在县城销售家用电器的品牌，从热水壶、电饭煲到冰箱、洗衣机、空调全品类都有，每天销售接近500单。用户在结账时，如果收银员引导用户添加品牌方售后经理的微信个人号，用户可以享受专属售后服务，也就是品牌方可以通过微信给予用户持续的服务，那么用户在品牌方这儿购买过一次，无论他的客单价是多么低，他都与品牌方建立起了信任关系。后续品牌方通过微信个人号在朋友圈不断更新用户对产品的好评、产品售后服务、产品优惠活动信息，就能够有效激发用户的多次、多品类消费。

任何产品都具有服务属性，为用户提供可持续的服务咨询就是在与用户持续发生关系，关系越近，信任越强，复购率越高。

1.4.4　圈层价值

虽然我们在做产品时，总是想要满足所有人的需求，但事实是，再优秀的产品都有反对者，同样再"垃圾"的产品也会有它的用户。私域流量最容易形成圈层，聚集一批拥有相同价值观和消费特点的人，并能够持续不断地产生消费。

买小米手机的人与买苹果手机的人并不属于同一个圈层，小米早期是为发烧友提供高性价比的产品，而苹果手机的定位并不是性价比。同样两个圈层都有自己的标签，一个叫米粉、一个叫果粉，他们因为自己对品牌的认可而聚集到一起。

对于要进行流量私域化的品牌来讲，你的用户的圈层界限在哪儿？如果你是一家饭店，有没有自己的吃货美食团？如果你是一个美妆品牌，有没有自己的体验官、粉丝团？

你的私域流量池，就是你所能影响到的用户的圈层。

1.4.5　终身价值

用户终身价值又称为用户全生命周期价值（Life Time Value，LTV），是指用户在生命周期内贡献的总毛利润的平均估计值。LTV 是一个预测性指标，以现有用户情况预测未来平台潜力。在 LTV 的预测过程中，具有以下几个特征：

1. 长期性

计算用户 LTV 值，意味着用户流失后才能计算精确值，而这个时间可能长达几个月甚至几年（时间跨度大）。

2. 变化性

随着用户的不断成长，运营策略的实施，用户痛点的解决，用户也在不断升级，主要表现为生命周期延长、产品黏性增强、消费提升等（非稳定指标）。

3. 时间维度新用户增长

产品不同时期新增用户数不同，产生的价值存在很大差异。

4. 产品维度老用户升级

随着生命周期延长，用户行为（频次、客单价）发生变化，老用户升级是 LTV 预测中不可忽视的变量。

由于 LTV 预测的复杂性，为能及时计算 LTV 的变化，需要应用预测类算法（如回归、决策树、神经网络等）进行计算。

当用户对你的产品、品牌或者你个人产生足够的信任感之后，在用户的心目中同类品牌就只有一个店，那就是你的店。就像很多男性在购买衣服时，只选择去海澜之家，这也是海澜之家长期的品牌战略——"男人的衣柜"——在用户心智中埋下的种子。

用户的终身价值会对产品营销策略起到决定性影响，在做品牌宣传和投放时，更看重的不仅有单次效果，还有长期用户持续的付费能力。

1.5 每个企业都需要自己的私域流量池

笔者服务过的一家餐饮店，以前客户吃完饭就走人，店家很难再次找到在店内消费过的客户，只能等着回头客自己找上门才能产生复购。这家店和其他店没有区别，靠周边流量，同样人多时很忙，一周有几个时段生意又很淡。过去店里做活动，有新品，都是在店门口竖个易拉宝，守株待兔。经过我们建议后，店长以自己的名义开了个人微信号，开始的 2 个月，店里的客人添加他的微信，就送小菜或打 8 折，而且还专门定制了"朋友圈好友菜单"，凡是店长微信朋友圈的好友，下次来都可以点更加优惠的"朋友圈好友菜单"，享受会员价格。这样下来，那个微信号很快就积累了 2 000 多位老客户。

同时，他还搞了一个 VIP 客户群，通过群里预订优先有座，还多送半斤肉，不定期选一些实用、性价比高的产品在微信群内进行团购。他每天在朋友圈更新采购新鲜菜品的场景、产品上新、优惠活动、客户好评、点赞送菜等内容，向自己朋友圈的好友展示门店的实时动态及店长个人的日常工作，让朋友圈的好友感觉更加真实。当朋友圈的好友有需要帮忙的时候，店长也会利用自己的人际关系提供一些力所能及的帮助。店长在空余时间会单独给好友的朋友圈认真写评论、点赞互动，偶尔还会闲聊几句。就这样店长坚持做了 3 个多月，门店的微信好友对门店有了更多的黏性和信任度，老客户也越来越多了。

在餐厅经营策略上，在空闲时间段消费有更多优惠，既缓解了高峰就餐的压力，又增加了营收。这样做看着花时间，但确实有效，毕竟你在客户眼前曝光多了，他回头来就餐的机会就变大了。

可能你看完这个餐饮店的小例子会认为，只有高频的消费场景才适合做私域流量，消费的频次越高，私域流量越有价值。其实，私域流量的价值衡量指标有多个，包含消费频率、产品利润率、运营投入成本、风险控制等因素。消费频率决定了用户是否经常在你这儿与你产生购买关系，产品利润率取决于你的投入成本。经营私域流量需要付出更多人工成本，你所投入的运营成本同时也受用户价值的影响。

任何行业和产品，都适合用私域流量去进行改造，当用户通过单一产品的购买对你产生信任之后，会对你的其他产品产生同样的信任和价值认同感，也就是可以通过多个维度扩充用户所需的品类，提升用户的全生命周期价值。

笔者服务过的另一个客户，是中高端厨具用品的品牌代理商，锅具价格 2 000 元起，属于低频、高利润产品形态。这位代理商通过朋友圈可以卖钻石，一年在朋友圈销售的钻石抵得上一个专柜的销量。她是怎么做的呢？因为锅具的购买频率低、价格高，她就设计了一款引流产品，通过中档浴巾（单价 200 元左右）来吸引用户产生单次成交信任，所有购买过的客户都加上微信进行统一售后维护。她每天会在朋友圈里发使用她所代理的锅具制作各类美食的方法，都是很精致的视频教程。平时客户到店之后，她还会让用户自己亲自体验使用产品，偶尔还会在店内给客户准备一些小礼品。她对待用户特别有耐心，时间久了用户更愿意把她当作自己的朋友、闺蜜，会跟她分享自己的家庭秘密，比如婆媳关系。这位代理商属于高情商人士，很擅长帮助客户处理各类婆媳关系、夫妻关系、亲子关系。当与用户建立起可以分享秘密的朋友信任关系时，你与客户之间除了销售与消费者的关系之外，还多了一层情感陪伴的关系，所以这个代理商除了能够在朋友圈里面卖自家产品，还可以卖钻石。

过去我一直认为营销就是不断拉新，但今天时代不一样了，我认为用户留存会更重要。没有留存一味拉新，难以为继，留住用户才是让生意持久的法宝。要留住老客户，除了做好产品，你还应该经常唤起他们的记忆。

私域流量对于企业的价值：一是离用户更近，低成本增加了产品曝光；二是每一次曝光和互动都是在增加用户的信任，信任越深消费越多。

以前当顾客购买行为结束后，品牌方缺乏主动维护，通常品牌方与顾客之间的关系也基本终止。但在私域流量时代，品牌方可以持续经营用户关系，让他不断地信任你、记住你，提到某个产品时就记起你，这就延长了用户整体的消费周期，也就抢占了顾客份额。

把用户沉淀在私域流量池只是第一步，这还不是精细化运营，精细化运营一定是有选择、有筛选的。

第二步称为培养超级用户。超级用户是指在未来时间有明确意向持续消费产品和服务的老用户。他们有高复购率、高消费力、高忠诚度，还愿意分享。现在，超级用户主要是通过付费会员制识别。他们对你的品牌、产品的认可度很高，在付费掏钱的一刹那，其实已明确告诉你未来他要再次消费。

关于老用户价值，我们可以来看以下 5 组数据：

1）客户之所以离开你，1%是因为死亡，3%是因为搬家，5%是因为受朋友影响，9%是被竞争对手引诱，14%是对产品不满意，68%是因为部分员工的冷淡态度。员工的冷漠会给用户造成没有受到良好对待的感觉。很多品牌在做用户流量运营时，都会忽略终端执行者的认可度与执行力。如果你的员工没能热情、周到、专业地服务客户，同样留不住客户，更谈不上复购了。

2）1 个客户向你投诉，意味着还有另外 26 个不满的客户保持沉默。你的产品有客户投诉时你会怎么处理？是否往往会认为投诉只是一个单一的事件，而不去考虑潜在的客户满意度如何？

3）平均来说 1 个受到冷遇的客户，会告诉 8~16 个人。如果是在互联网环境下，一个对你产品不满意的客户，可能会影响到上千人。这也是很多电商商家为了得到产品的好评不惜花重金"刷单""刷好评"的原因。如果一家餐厅被用户给出了差评，会对用户的选择造成很大的影响。

4）91%的不满意客户，不会再购买你的产品或服务。

5）吸引新客户的成本是保留现有客户的 5 倍。与其花费 100 万元去拉新用户，还不如用 20 万元去维护老用户。

通过这几组数据我们可以得出结论，私域流量要经营，经营的核心是用户关系，而且是长线的用户关系。信任是一段关系的开端，服务是维持信任的关键。你想做的是百年老店，用户想的是长期相伴。私域流量经营的最高境界，是用户视你为"专家＋好友"，把每一方面的需求都交给你打理。

在互联网时代，私域流量就相当于"私有土地"；在流量竞争的时代，拥有自己的私域流量池，就是拥有了自己的"私有土地"。

精准引流

不是流量越来越贵，而是便宜的流量被你浪费

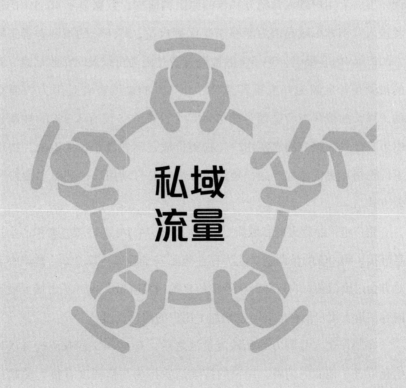

第 2 章

精准引流

搭建精准引流先要理解用户进入品牌方私域流量池的动因，在艾媒咨询一项关于用户进入营销方私域的原因调研中，数据显示 40.8% 的被调查者进入营销方私域是因为能够享受优惠权益，37.8% 的被调查者是被营销方的产品/内容吸引，30.5% 的被调查者是因为可以及时接收信息，27.5% 的被调查者是因为好友推荐邀请，18.1% 的被调查者是因为方便交流互动，18% 的被调查者是因为能够满足个性需求，仅有 3.9% 的被调查者是由于自己是品牌方的忠实用户。物美价廉是消费者永恒的追求，提供更优惠的价格、更优质的产品，是营销方最容易打动用户，进而"圈粉"的有效方式。

用户进入品牌方的私域流量池之后，有 44.1% 的被调查者担心会造成信息骚扰，40.2% 的被调查者认为存在隐私安全隐患，37.2% 的被调查者担心对方会过度营销。自媒体时代产生信息的门槛降低，生产了大量低质无效的内容，透支用户信任的同时也增加了用户的信息负担。

在用户进入品牌方的私域流量池之后，有 44.4% 的被调查者认为私域信息促进了他们的消费，用户的持续消费行为与信任度有很大关联，私域流量的运营有助于维护和提升用户与品牌方之间的信任，一旦建立起信任，私域流量的营销效果也就会更好。

2.1 先理解产品再制造流量

2.1.1 理解你的产品价值

你卖的是什么产品？用户为什么要为你的产品付费？这两个问题我问过很多品牌方、门店老板，从他们的回答中可以判断，70% 以上的老板没有思考过这两个问题。如果你是餐饮连锁品牌，你卖的产品是食物的味道吗？显然不仅仅是。查看各类餐饮点评平台，可以发现大多数人给予餐饮门店差评不是因为产品的味道，而是因为对于服务不满意。当用户到店时，你就已经开始在卖自己的产品了，装饰、音乐、卫生、气味、服务员态度、菜品价格、菜品口味等都是构成你的产品的要素。相较于线上，线下门店的产品能够更多地给予用户服务的体验和产品的感知，同样产品的界限就不仅限于产品的实用价值，还包含产品的体验价值、礼品价值、增值价值。

1. 实用价值

比如食物的实用价值是解决饥饿，汽车的实用价值是方便出行，羽绒服的实用价值是保暖……产品的实用价值属于产品的基本价值。

2. 体验价值

游乐场中的项目基本上都是具有体验价值的产品，比如过山车、蹦极，用户虽然享受服务的时长很短，但服务却能卖出比较高的价格，这就是用户在为新奇的体验买单。同样美容院里面的 SPA 服务、健身房的私教训练及 KTV 包厢服务也是在卖用户体验。

3. 礼品价值

最熟悉的就是"脑白金"的送礼广告，还有阳澄湖大闸蟹、小罐茶、五常大米等品牌的礼品价值已经大于产品本身的实用价值，拥有礼品价值的产品更容易卖出更高的价格，利润空间更高。

4. 增值价值

在知识付费社群圈子里面，有一种招募会员的模式是梯度涨价，比如前100名会员的价格是99元，随着加入人数的增加，每增加100人会员费用涨价100元，这样就在会员服务费上面产生增值的价值，甚至会有人在低价格的时候购买多张票，在高价格时出售。再比如房子、黄金、珠宝都会有增值价值空间。

销售方应根据自己的产品属性，去判断能给用户提供的产品具备哪些价值。

2.1.2 搭建分层产品体系

任何产品的销售都是建立在品牌方与消费者之间的信任关系上的。在搭建整套流量体系时要对产品进行不同的定位，确定哪些品类是用来获取消费者基础信任的产品、哪些是爆品、哪些是利润品，不同产品之间如何进行用户筛选和转化，不断提升不同品类之间的用户转化率。在品牌方产品体系中应包含五大类产品体系：流量品、活动品、裂变品、利润品、拓展品，依据产品体系再去设计流量获取体系与转化体系。

1. 流量品

流量品是在产品体系中用于与用户之间建立信任的产品，不以这个产品赚钱。流量品的属性是：①性价比高，能够在同品类中以较高的品质、相对低的价格给到用户；②普适性，大多数人都适用，受众广；③能够快速成交，以首次成交为目的，给潜在未成交的客户一个成交的理由。比如做知识付费的产品大多数会用9.9元、19.9元的线上课程或者社群课程来做流量品，尽可能多地把流量聚拢到平台。又如在美妆行业会用鲜花团购来获取精准高质量女性用户，鲜花在用户感知里面属于高价值产品，但对于品牌方又是可以低价格获取的，适于做流量品。

2. 活动品

活动品在平时不销售，只有做活动的时候才会上线。活动品可分为几类，第一类活动品是体验品，将大包装的产品进行小包装、将大疗程的产品进行小疗程体验、将正装产品改成散装试吃品类等，这些都属于活动品种的体验装；第二类活动品是福利品，不在平台进行销售，比如公仔、玩偶、纪念袋，只进行限量制作、限量发行，需要满足一定门槛才可以获取，可以采用购物满赠、抽奖送、做任务赠送等形式。

3. 裂变品

品牌用来做裂变传播的产品不能是品牌方的利润品，裂变品的属性是高价值、性价比低、低复购的产品，能够激发用户的传播力度。比如一个做奶粉的品牌，在进行产品定价策略时，会将一个产品定价标得很高，这个产品并不是用来走量的，而是用来给用户进行裂变传播的，用户每次看到这款产品都是标了很高的价格，在使用拼团裂变、任务裂变、满赠裂变的过程中，将这款裂变品的价格定在 5 折或者更低的价格，这样可以有效激发用户的裂变度。

4. 利润品

品牌的利润品是生存的根本，是用户在与品牌方建立信任后购买的产品，利润率高，客单价高。比如在知识付费领域，常用免费课程做引流，用低价课做信任，用高价课做利润。再比如，在会员制电商中，通过生鲜水果作为流量入口，通过护肤品、美妆等利润品，拉高用户的客单价，提升利润额。

5. 拓展品

借助品牌的产品与用户建立起足够的信任关系后，针对同一类人群，可以考虑进行同一属性人群的产品品类扩展，主要是服务于同一类型的用户群。比如做母婴用品的品牌上线了护肤品，做水饺的门店上线了速冻水饺商城，做特色美食的品牌上线了特色精选农产品，都属于在现有流量池中服务同一类型的用户。拓展品能够在当前利润品的基础上提升利润额，同时能够增加用户的复购与黏性，促进利润品的成交。

最后总结一下，对于刚起步微信私域流量体系的企业，要先规划好两类产品：一是流量品，一是利润品，先通过流量品与用户建立起连接，先让用户信任你，愿意在你这做复购和成交，然后是利润品，当流量产品带进流量后，如何进行承接转化。深度变现是核心。在一个完整的运营体系中，产品、流量、转化率之间是有紧密关联的，随时关注每一个产品环节的转换率是多少，通过不断调整优化转化细节，提升相关数据。在私域流量运营体系中，可以送福利，但是不能一直送各种福利，在一些三、四线城市中，有的美妆店铺采用最多的策略就是打折促销，用户每天都能看到店铺在促销，就相当于是没有促销，对用户的吸引力会越来越小。

2.1.3　用户画像，制造你的流量

用户画像，是一种勾画目标用户、联系用户诉求与设计方向的有效工具，在实际操作的过程中往往会将用户的属性、行为与期待联结起来。

用户画像可以对产品的服务对象更加聚焦，更加专注。在行业里，我们经常看到这样一种现象：做一个产品，如果期望目标用户能涵盖所有人，男人女人、老人小孩、专家小白……通常这样的产品会走向消亡，因为每一个产品都是为特定目标群的共同属性而服务的，目标群的基数越大，这个属性的明显性就越低。换言之，如果某个产品适合每一个人，它就是为最低层的属性服务的，这样的产品要么毫无特色，要么过于简陋。

用户画像不是拍脑袋想出来的，是建立在系统的调研分析、数据统计

的基础之上得出的科学结论。

用户画像一般会存在多个，要考虑用户画像的优先级，不能为三个以上的用户画像设计产品，那样容易产生需求冲突，要分清楚哪些是核心用户，哪些是"打酱油"用户。

同时，用户画像不是一经确定就一成不变的，而是要根据实际情况不断修正。

1. 构成元素

用户分析可以从其社会属性、心理属性、兴趣特征、消费特征、位置特征、设备特征、行为数据、社交数据等维度进行。

1）社会属性：包括年龄、性别、地域、血型、受教育程度、职业、收入、家庭状况、身高、体重等基本信息。

2）心理属性：包括性格、能力、气质、价值观、情感、思维等。

3）兴趣特征：浏览内容、收藏内容、阅读咨询、购买物品偏好等。

4）消费特征：与消费相关的特征，通常以收入多少来划分。

5）位置特征：用户所处城市、所处居住区域、用户移动轨迹等。

6）设备特征：使用的终端特征等，如手机品牌、安卓还是 iOS 系统、移动端还是 PC 端、使用 4G（第四代移动通信技术）还是 Wi-Fi 等。

7）行为数据：访问记录、访问时间、浏览路径等用户在网站的行为日志数据。

8）社交数据：用户社交相关数据，包括圈子、兴趣喜好、互动行为等。

根据以上 8 大用户画像维度，用户画像又可分为显性画像和隐性画像。

1）显性画像：即用户群体的可视化的特征描述，如目标用户的年龄、性别、职业、地域、兴趣爱好等特征。

2）隐性画像：即用户内在的深层次的特征描述，包含了用户的产品使用目的、用户偏好、用户需求、产品的使用场景等。

2. 用户访谈

要了解你的用户平时都在做什么，都在想什么，怎么能跟你的产品结合在一起。调研产品用户画像的有效方式是做用户的深度访谈，如何做用户的深度访谈？

（1）明确用户访谈的目的

用户访谈一般是用在新产品上市或者产品转型期的用户调研策略，旨在明确用户在做出消费决策前的购买心理路径。

（2）组织用户访谈活动

单次集中组织用户访谈人数不宜超过30人，如果有条件，最好能够一对一单独去深入访谈沟通。

（3）用户访谈核心4问

1）您是通过什么渠道了解到我们的？

用户了解到产品的渠道有多种，比如口碑传播、百度搜索、线下地推等，通过这个问题来了解用户是从哪个渠道知道你的产品，对后续进行推广营销的方案有一定的参考借鉴意义。

2）您在了解我们之前还了解过哪些产品？

这个问题主要是在进行竞品分析，也就是用户在购买你的产品之前有没有购买过其他产品或者了解过其他产品。

3）我们与你了解的其他产品相比，有哪些优势？

如果用户了解过其他产品，那就需要进行产品的对比分析，用户更看中产品的哪些优势？是价格、服务、功能还是设计？通过用户的角度来分析自家产品与竞品之间的差异点，利用差异点进行营销推广往往可以事半功倍。

4）你希望我们的产品还能做出哪些改善？

这个问题主要是让用户能够参与产品的改善过程，让产品开发团队能够更好地站在用户的角度去理解用户需求的产品价值。

当然除了核心 4 问之外，还会有关于用户画像的其他要素问题，所设计的访谈问卷包含的要素越多，用户画像描述得越详细。

2.2 全渠道流量入口

流量入口包含线上互联网流量渠道，也包含线下流量入口，通过流量的范围来进行区分的话还可以分为全网流量及区域流量。不同的流量形态与入口对于不同的项目的价值是不同的。比如做区域自媒体的项目，非这个区域内的流量对项目的价值就很小，而如果是做全网流量项目，非区域流量的价值就一样很大。随着互联网时代的变迁，用户流量的入口也在发生不断变化，多元流量入口已成为一种常态。

2.2.1 全网流量入口

1. 百度

在互联网搜索时代，百度是绝对的流量入口，百度系流量包含百度搜索、竞价、百度知道、百度贴吧、百家号、百度小程序，通过优化百度的搜索权重，可以获取大量主动搜索的流量。同程旅游在刚开始做全网推广的时候尝试过各种推广形式，其中一个团队通过百度优化，获客成本远低于其他渠道，同程旅游就将全部精力都投入到这一个渠道，用了几个月的时间上线了十几万个网站，当你在火车站搜索酒店时，会在搜索界面同时出现苏州旅游网、中国酒店网、中国火车站酒店网、火车站订酒店网等，排名前 10 的网站基本上都是同城旅游自己做的。同程旅游通过全网矩阵网站的形式抢占了百度搜索时代的流量红利，但现在红利期基本已经结束了，大家都在进行优化时，百度把流量更多地给到了投放竞价的用户，投放竞价的用户越多，单个点击的价格也就越高。

除了提升网站搜索排名外，百度优化更大的作用在于品牌、项目的知名度优化。品牌的潜在客户在搜索品牌关键词时，能通过百度查找到与品牌相关的信息。在做百度品牌优化时应进行新闻源优化，比如你将公关软文通过第三方视角写好后发布在人民网、新华网等具有一定品牌影响力的新闻网站。如何才能将软文发布在这类网站上是个关键，现在就有出售类似服务的团队，实际费用从几十元到几百元不等。当然也可以通过 U 传播、传播易这类发文推广平台进行有选择性的发布，费用低、效率高，是一个不错的软文发布渠道。在进行新闻源优化时，要不断筛选哪个网站的新闻源权重更大，有一些名字看起来比较小众的网站，在百度的收录权重反而会很高。

百度竞价比较适合高客单价、产品体系完善、招商加盟类的项目。北、上、广、深的百度竞价属于直营体系，投放的起步价格是 6 000 元，相对比较低；在其他城市属于代理体系，代理体系内除了有 6 000 元的起始竞价投放费用的门槛外，还会有 3 000 元的代理服务费用。如果你是首次进行百度竞价投放，你需要有备案域名（与投放竞价的主体一致）、对公账户，招商加盟类的项目还需要品牌的商标（商标不需要等到注册下来，使用商标的受理通知书就可以），如果这些都准备好，竞价的开户周期在 3 个工作日左右。

百度知道是全网最大的问答平台，流量搜索权重较高，适合做品牌关键词优化。在淘宝、闲鱼、微店等平台有百度知道优化的服务商，问答的优化价格在 3~5 元/条。

百度贴吧是全网最大的社区论坛，适合根据贴吧的名称来进行精准化的推广，尤其适合垂直细分产品、区域流量的获取。随着百度贴吧对于广告贴的打击，从贴吧里面获取流量变得越来越难。我有个朋友早期在做佛珠生意时，就是通过百度贴吧打开了流量入口，每天做的事情就是在不同的佛珠贴吧论坛里面发言、评论，与贴吧的网友建立起比较好的关系，树立起自己在佛珠经营方面的权威性，再引流到微信个人号进行成交，一年能够做到上千万元的交易额。

百家号是百度近年来推出的内容共创平台，站内流量扶持大，卖家可以通过注册百家号、投放百家号的形式进行百度推广。百度小程序是百度将要打造的生态产品，相对于微信小程序，百度小程序还比较年轻。品牌方可以自行在百度小程序官方网站申请注册小程序账号，只需要简单的配置就可以多一个百度流量入口。

2. 今日头条

今日头条的算法推荐机制有利于内容型账号的爆发式增长，在算法推荐机制中，你在今日头条上面发布的任何文章或者微头条都可以获得一定的起始流量推荐，在这个流量池里，算法会计算你文章的阅读量、评论量、点赞量、转发量等。互动的权重越高，说明你的内容越受欢迎，互动量到达一定阈值，算法会将你的内容推荐到下一个更大的流量池中。

3. 短视频

目前国内比较大的短视频平台有快手、抖音、微视，三大平台中快手起步最早，抖音后来者居上，微视的用户量相较于其他两个平台是最低的。短视频的发展可分为三个阶段，早期阶段是全民内容生产阶段，大量的用户在短视频平台发布好玩、有意思的视频内容，这个阶段缺少比较好的变现形式；第二个阶段是直播的兴起阶段，造就了一批 KOL（关键意见领袖）、网红，盈利模式主要是通过直播间的用户打赏；第三个阶段是直播带货阶段，明星、网红、KOL 通过各类短视频平台进行直播带货已成为主要的直播变现形式。

相较于其他流量平台，短视频流量平台的流量获取门槛相对较高。短视频的制作注重内容的创作形式，需要"有网感"的人、内容策划团队、拍摄的设备、专业剪辑等，同时还要考虑自己的团队是否能支撑起内容的可持续产出。

4. 微博

微博的全网用户增长虽然放缓，但仍然是各类网络热点事件的发源与传播地，适合社会化营销的传播。在将微博的公域流量进行私域化的过程中，可以通过热门话题、活动转发、关键词搜索、热门评论进行引流。

(1) **热门话题**

如情感、美食、音乐等。进入话题，你会发现阅读量高、评论多，与要推广的产品、品牌属性相关联的热门话题更有利于引流。

(2) **活动转发**

微博里面经常有大 V 利用抽奖活动进行"增粉"，提升阅读量，你也可以在转发中置入自己的内容，比如达到多少赞发红包，从而获得精准"粉丝"。

(3) **关键词搜索**

通过微博关键词搜索，可找到与自己的产品品牌相关的账号与内容，在相关账号与内容下进行评论可以触达相对精准的"粉丝"流量。

(4) **热门评论**

在一些热门话题，或者一些明星、KOL 的微博内容下发布评论，可以获取到一定"粉丝"流量的曝光。

5. 简书

简书也有兴趣推荐阅读机制，当你注册完成账号之后会引导你选择自己感兴趣的领域，会给你匹配推荐相关领域的文章。在简书的引流体系中，一个比较大的流量入口是文章评论区，如果你经营的是一个减肥产品的品牌，那么你可以在简书里面搜索减肥相关的关键字，阅读多篇同类型文章之后，简书系统会自动给你推送相关文章。你可以将引流话术发布在相关文章的评论区，比如可以评论"我建立了一个减肥瘦身打卡微信群，大家可以加我的微信，交流减肥瘦身技巧（送价值 199 元瘦身饮食指南）"，通过评论福利来引导用户添加你的微信。

除了在文章的评论区进行引流之外，还可以通过写文章、关注、点赞等形式进行引流，工作流程简单，但是需要付出比较多的时间成本。

6. 知乎

知乎有几大优势，让它成为引流"吸粉"的重要渠道。在 2019 年百度投资知乎前，知乎的权重就非常高，百度旗下的各个明星产品比如百度知道、百度贴吧、百度经验等也都具有高权重，当用户搜索相关信息时，排在前几位的一般都是百度旗下的明星产品，在百度投资知乎后，知乎得到了更大的流量支持，知乎成为一个流量超级巨大、地位很重要的引流场所。

相较于其他流量平台，知乎的粉丝精准，利于开高客单价。知乎的粉丝构成：以高知、中产、白领、程序员等人群构成，粉丝素质高，经济实力强，有较强的购买力度，且对于产品具有分辨力，要求品质，对价钱敏感度小。

目前，知乎有 4 条精准引流路径：①回答热门问题。即搜索自身所在行业、产品或需求等关键词，通过回答热点问题吸引精准用户关注。②在评论热门问题的回答时留广告截流。③直接发布高质量的原创文章。④自问自答，即用 A 账号提问，用 B 账号回答，用 C 账号点赞、评论，以吸引有需求的用户关注。

7. 美篇

美篇截至 2019 年，已拥有接近一亿用户，其中 30 岁以上用户占比接近 80%，相对于其他平台，美篇的流量偏向于中老年群体。在美篇内进行引流的方法可分为：①粉丝私聊；②评论区评论；③发布热文。目前用得比较多的是通过粉丝私聊进行引流，不过账号被封杀的概率比较高。

8. 豆瓣

豆瓣网，是一个"80后""90后"人群以兴趣爱好为基础聚集起来的文艺平台，用户量也不少，虽然最近用户流失较多，但是瘦死的骆驼比马大，所以这还是一个很好的引流吸粉的地方。

(1) 庞大的活跃用户群体

豆瓣拥有庞大的自发形成的小组，每天产生数十万个话题，聚集了各种各样的人群，每一个人都能轻松找到他喜欢的主题和一群志同道合的人。

比如，如果你是卖护肤品的商家，想要精准定位客户，就可以到豆瓣上进行寻找，并结合个人主页进行推广引流。

同时，你还可以通过在豆瓣上的二手闲置小组，发布变卖自己产品的帖子。如果有人对你的产品有兴趣，他会直接来咨询，这些都是你的精准客户。

(2) 豆瓣权重极高

百度对豆瓣这些高权重网站本来就赋有特殊权重值。一篇文章如果同时发布在豆瓣和自己的网站上，豆瓣的搜索排名往往高于自己的网站。

(3) 群发外链、高转化率

在豆瓣小组里发外链很容易，也可以获得良好排名。豆瓣小组就像一个论坛，只要话题得当，小组就会有人气，从而带来流量和转化率。

要加入哪些小组进行推广：

在这里可以通过以下几个指标去衡量一个豆瓣小组的质量高低。

1）小组用户数。建议在40 000＋以上，人多力量大，人多引流机会才多。

2）小组每天更新的帖子数。帖子每天更新的数量能够占满网站第一页就算是活跃小组了。

3）小组内最高回复数量。帖子回复数量最好每天多于200人。

4）当然了，也是最重要的一点了，就是看你想要寻找什么样的人群了。

刚加入小组，大家可以先简单地在里面和其他人进行互动交流，然后多发一些经验帖，提高豆瓣等级。提供一些有意义的对别人有用的信息，提高别人对你的认可度，也提高别人加你微信的概率。

豆瓣上的小组置顶广告很便宜，一个小组（很多时候一个组长可能拥有好几个小组）一个月也就是几百元钱，曝光率还不错，有点预算的商家可以去做。

9. 知识付费平台

喜马拉雅、千聊、小鹅通、荔枝微课等知识付费平台也是不错的引流入口，如果你是母婴产品的品牌，你可以根据自己的产品特性打造出一套课程，比如宝宝营养搭配课程、宝宝英语课程、宝宝故事大讲堂等，通过免费或者低价格的课程，在课程里面加上自己的引流福利，比如引导用户添加你的微信，可以领取更多资料或者进群交流。

2.2.2 区域流量入口

相对于全网流量，区域流量的黏性更大，更容易与区域品牌方产生信任关系。

1. 区域自媒体

随着自媒体的发展，区域线上流量很大一部分会存在于自媒体上，这些自媒体包括公众号、微信个人号等。区域自媒体的主题主要分为吃喝玩乐、综合生活、时政新闻几大板块，通过区域自媒体获取区域流量可以有两种途径。

1）付费软文推广，区域自媒体的报价一般在一个阅读量 0.5~0.8 元，区域自媒体 20 万粉的头条报价在 5 000~8 000 元，付费投放的成本较高，对于投入产出比就更为看重。很多区域自媒体迫于广告主阅读量的压力，会刷阅读量，如果进行付费推广，可通过新榜等公众号阅读量监测平台来对文章的阅读量进行监测，防止刷阅读量。

2）优惠资源置换，即通过给区域自媒体提供优惠的产品、套餐，来置换区域自媒体公众号的流量资源，自媒体可通过销售优惠套餐来变现。

2. 本地微信群

本地微信群是产品推广最有效的渠道，如果你的品牌做的是区域市场，你拥有多少个本地微信群？本地微信群可分为物业群、合作交流群、闲聊群、粉丝群、互助群等，不同的群具有不同的挖掘价值。关于如何搭建微信群流量，我们将在 2.3 节中进行讲解。

3. 线下

区域流量的获取中最大的板块就是区域线下流量渠道，我们经常在一些商业街上可以看到加微信赠送小礼物的推广形式，这是最基础的线下地推引流形式。此外，还有线下大屏展示、电梯广告投放、宣传单页发放等引流形式。

起源于广州惠州的烘焙品牌"熊猫不走"，品牌从 2017 年创立到 2019 年短短 3 年的时间，就低成本获客 270 多万人，按其创始人杨振华的估算，"熊猫不走"蛋糕的营收将以每 3~4 个月翻一倍的速度，在 2020 年年初达到月入过亿元。"熊猫不走"每到一个城市，在开店之前会先进行引流，他们的引流形式纯粹是依靠线下。由于每个商场都有自己的到店量的人数指标，而"熊猫不走"在商场大厅做活动可以为商场带来人流量，所以商场一般都不会收取场地费用。在引流形式方面，通过赠送"熊猫不走"的玩偶进行"吸粉"，用户需要转发"熊猫不走"活动的海报到微信群、朋友圈，或群发给好友，然后才可以领取。用户领取玩偶的过程也给品牌做了强有力的推广宣传，想要玩偶的用户看到信息之后也会来商场领取，形成了裂变式的传播。在线下引流的团队配置方面，每一个城市会配一个主管加两名老员工，同时在本地招募 10 人左右的兼职人员，一般每一个商场做活动只需要两个人。这样一场线下活动，一天可以"获粉"2 万人以上，平均单个"粉丝"的获客成本不到 0.5 元。

很多人都知道要通过线下引流，尝试过几次后发现线下流量获取也很困难，就放弃了。之所以造成这种结果，其实不是引流难，而是没有掌握正确的方式、方法。

2.3 从零开始搭建百万用户微信群流量池

在品牌冷启动时期，最有效、成本最低的流量获取的渠道就是微信群，每个人都有各种各样的微信群，比如相对私密的同学群、家长群、家人群，还有比较开放的行业交流群、小区业主群。如果你是做餐饮的商家，还会有各种餐饮行业群、粉丝群等。如果在启动期你拥有 1 000 个微信群，每个微信群有 300 人，那么在你的私域流量池里就有 30 万人，如果你有 10 000 个微信群，你可以影响到的用户就达到 300 万人。那么如何才能建立起一个微信群的流量循环变现系统呢？我们分为四个步骤：找群、换群、混群、引群，通过这四步实现微信群流量的持续增长、循环变现。微信个人号每天可加入 10 个微信群，每个微信个人号的加群数量上线是 1 000 个，可以用微信个人号矩阵来突破这个数量限制。

2.3.1 找群

如果你在百度上面搜索"微信群"，会看到大量的各类微信群的平台，这些平台大多数是不靠谱的，平台上的微信群也基本上是微商群或者是推广项目发布的群。那怎么样能够在最短的时间内加入更多有效精准的用户群呢？我们经过十几个月的测试，总结出来 7 种方法，使用这套方法，1个月内就可以让你找到上百个精准流量群。

1. 区域自媒体

一般区域自媒体都会有自己的"粉丝"交流群，而且还不止一个群，我们可以在不同的区域自媒体上面查找"粉丝"群的入口，用不同的微信号加入不同的"粉丝"微信群组中。一个城市的自媒体公众号不少于100个，每个平台最少有一个粉丝微信群，这些都是巨大的流量载体。

除了区域自媒体本身的群以外，在自媒体上投放广告的品牌方，也会留下微信群的入口，只要你进行添加，都会邀请你加入微信群。

2. 物业小区

物业小区的微信群具有一定的密闭性，同时群内的用户属性和黏性也一样会更高，在获取物业小区群时，我们可以通过线下张贴小区交流群的二维码来获取基础"粉丝"，再通过群内的基础流量引导好友邀请其他小区业主加入。比如建小区业主交流群、小区业主维权群、小区业主互助群等，激发业主共同的兴趣。

3. 门店粉丝群

很多门店，尤其是餐饮门店，都会有自己用于"粉丝"维护的微信群，微信群或者微信个人号一般会张贴在餐桌或者摆放在吧台。当然，通过门店地推走访的形式也可以获取到大量商家"粉丝"微信群的入口。

4. 豆瓣

豆瓣的交流圈子是分小组的，如果你要推广新媒体运营的知识付费课程，可以在豆瓣上面搜索关键词，加入小组。因为比较活跃的小组都会建立自己的微信群圈子，所以再搜索"微信群"可以将用户发布的微信群检索到，从而申请进群。如果微信群的二维码过期了，也可以给群主留言进群。

5. 简书

在简书平台上进群有两种形式，一种形式是在简书中搜索微信群，根据搜索出来的微信群结果申请入群。另一种形式就是自己建群，比如在新媒体相关的文章下部评论：大家好，我建了一个简书作者交流群，欢迎添加我的微信，邀请你进群。对简书写作感兴趣的作者就会主动添加你的微信，申请进群。

6. 知识付费平台

我有一个朋友，他的商业模式就是不断加入知识付费群，进群后与群友混个脸熟，再将群友加到自己的微信个人号中，通过分销各类知识付费课程来实现变现，现在自己拥有 5 个微信个人号，每个月分销课程收入在 5 万元以上。通过知识付费平台找到的微信群的用户质量相对较高，因为大家都是对这个知识付费课程认可并且付费的人。我们可以通过喜马拉雅、荔枝微课、千聊等线上知识付费平台来筛选知识付费价格在 200 元以内的，并且有课程交流微信群的课程。如果课程费用是 199 元，微信群学员有 400 个，相当于你只用了 0.5 元就获得了一个精准的流量客户。

7. 线下活动

线下活动或者线下课程是最容易产生连接和信任关系的地方，我们可以通过在互动吧、活动行等活动发布平台上寻找与你的产品或者品牌相关的活动报名参加，在现场加入活动微信群。

找群是一个长期积累的过程，不是一蹴而就的，在这个过程中我们要留意每一个可以加群的机会，始终坚持一个原则：进更多群、拥有更多的流量。

2.3.2　换群

有了基础群流量之后，就可以根据不同的产品、品牌采用不同的策略进行换群裂变。换群所使用的福利一般是成本可控的产品，比如景区门票、KTV 欢唱卡、酒店优惠卡等，利用闲置资源或者低价产品来进行换群。换群就需要在群内推送广告，为了规避风险，每进入一个群，要分别邀请 3 个马甲号，防止在群内推送广告时被踢出群。

1. *活动裂变*

比如通过产品发布会、开业典礼、周年庆等活动形式，给予微信好友或者微信群好友一定的活动产品来进行微信群的裂变。

我们以健身房开业来举例。

活动裂变的步骤大概如下：

1）"大家好，本人有一家健身房周末开业，凡是加我微信的好友可以免费获得一张 10 次健身卡或者一个大红包！"这个步骤是为了将群内对健身感兴趣的好友引流到微信个人号中，产生第一步的信任关系。

2）要群："你好，朋友，我新开的健身房周末开业，现在拉我进入 3 个微信群，我会送你一张 10 次健身卡或给你发 10 元红包，可以吗？"每个人都有一些闲置微信群或者认为对自己没有用的微信群，采用求邀请的形式，用户邀请你进群就没有压力，一般都能够满足。

3）再要群："如果你还有微信群的话能否再多邀请我几个，我给你多发一些红包，等新店开业你带朋友过来时我给你多开几张卡，配私人教练，私教免单！"在第二步要群的基础上挖掘好友的微信群量，因为在他完成第二步时你给他发了红包或者给了礼品卡，他对你已经产生了信任，更容易进行裂变。

2. 礼物裂变

在礼品选择时，要使用高性价比，成本低，市场价值大的，同时也要考虑礼物需不需要进行配送，尽量使用不需要配送的礼品。

以游乐场门票作为礼品，可以设置如下群裂变流程和话术：

1）"朋友们，我已经领取了价值 98 元的游乐场门票！本来以为是骗人的，结果真的领到了，大家如果对游乐场感兴趣，可以直接加这个微信号的好友领取啊。"发完这条广告之后，再发一个小红包，让大家对你更有好感。

2）要群：当用户想要领取门票，添加了发放门票的微信个人号为好友之后，可以通过这个话术进行引导："你好呀，领取门票是不需要任何费用的，我们为了宣传人气推出的活动。参与方式：只要邀请我进入 3 个本地微信群即可领取，放心，我是不会一进群就发广告的，如果我发广告，你可以撤回群邀请。"让用户感知到你是一个可靠的人，同时打消用户邀请你进群的顾虑，很多人不喜欢邀请别人进群，就是担心此人进群后发广告，会影响到自己的形象。

3）再要群："你好，如果还有微信群的话可以再邀请我进入几个吗，你可以获得我们额外赠送的赠品或红包。"

3. 置换裂变

群置换是用得最多的一种形式，如果你已经积累了 1 000 多个微信群，你可以通过朋友圈、微信群发布你可以给别人换群的资源。

1）"朋友圈的各位朋友，我现在有 1 000 个本地同城吃喝玩乐的群，如果你也想加入更多本地微信群，可以私信我，我们可以换群，你邀请我加入 5 个微信群，我邀请你加入我的 10 个微信群。"

2）再要群："朋友，你还有微信群吗？邀请我加入的微信群越多，我越会双倍邀请你加入我的微信群。"

2.3.3　混群

加入了这么多的微信群，如何才能把群内的价值进行变现，是我们搭建群流量的核心。有很多人在加了群之后只知道发广告，最终只能是被踢出群聊，毫无价值，纯粹是在浪费时间。那么怎样才能最大限度地发挥出群的价值呢？首先要做的是将你大量的微信群进行分类，把重要的微信群、比较活跃的微信群进行置顶，做重点维护，对于不太活跃的微信群可以使用微信群管理机器人，定期每天在群里推送信息，将自己展现出来。将微信群分类后，将自己在微信群里面的昵称修改成你要推广的产品广告，比如你是经营水果的商家，可以将昵称改成"姓名＋品牌＋吸引点"，比如"王涛—天天果园—榴莲9.9"，这样，你的每一次发言都是在给你打广告。有了这两个前期的准备，还需要与群主搞好关系，与群内的积极分子搞好关系，懂得夸奖别人，舍得发红包，经常分享价值，经常冒泡。接下来详细介绍一下：

1. 群主

无论你加的是什么类型的群，群内的核心人员都是群主和群管理员。如果你以后要在群内做推广，与群主的关系没有处理好，很容易被踢出群。

1）进群后多与群主互动，群主说的话题要积极响应，让群主看到你是与他站在同一条战线上的人。做过微信群运营的朋友应该都知道，如果你作为群主在群里说了一句话，没有人来应答，是一件特别尴尬的事情。

2）多给群主帮忙，当群内群友向群主或者管理员提问时，多在群内替群主解答群友的问题，帮助群主维护群内的氛围。

3）添加群主微信，不要一进群就添加群主微信，群主在不清楚你是什么人之前，很难与你产生连接。当你在群内给群主不断帮忙的时候，群主会对你有一定的印象，这个时候添加好友就比较容易产生连接关系。

2. 群内积极分子

往往一个微信群内活跃的人也就 10%～20%，进群之后多留意群内经常发言的人，与这些群友多在群内互动，私下加好友，处理好微信关系，当你在微信群内发起一个话题时，才会有更多的人跟进话题。同时，这些人的传播属性与社交属性更强，能够有更多的时间，可以作为我们要推广的产品的潜在推广大使。

3. 懂得夸奖别人

在微信群内学会夸奖别人特别重要，在你夸奖别人的时候，你就会在对方的心理赢得更多的好感。比如当群友在群内分享干货内容时，你可以在群里@对方，并夸奖对方乐于分享；当群友在群里发自己的自拍照时，你也可以@对方，并夸奖对方漂亮、帅气等，这都是在给对方留下好感。

4. 舍得发红包

微信群内很重要的社交工具就是红包，发广告要发红包、群主分享有价值的东西也可以发红包、给某个微信好友还可以发专属红包等，微信群红包用得好，可以起到很大的引流效果。曾经有一个微信好友在我的一个微信群里面，一进群就不断发红包。他将 200 元钱的红包分 20 次，每次发 10 元钱，每次发红包都会附加一句话，用红包跟群友聊天，等他发完红包大家也都记住他了，知道他是做什么的。通过发红包的形式进行自我介绍，他获得了 50 多个群友的微信。还有一个朋友，他给别人留下的一个很深的印象就是喜欢发红包，群里动不动就发红包抽奖，抢到红包的就送礼品，加了微信后，就给微信好友 200 元的红包，让人充满了好感。

在群里发红包也有"坑"，所发的红包单个金额平均不能低于 1 元钱，如果你要发 5 元钱的红包，最好不要分拆红包超过 5 个，这样抢到红包的人都能够抢到平均 1 元钱，如果单个红包的金额太小，会显得太小气。

5. 学会分享价值

混群的核心就是不断与群友产生信任和连接关系，而产生这种关系最有效的形式是在群内不断分享价值。比如你在一个宝妈群里面，可以经常分享你带娃的心得体会，以及一些宝宝适用的营养食谱等，让群友知道你在群内的发言，能够学到东西，就会对你以后的发言话题有所期待。

6. 经常"冒泡"

经常在群里"冒泡"能让群友熟悉你、了解你。比如在群里每天发早安、晚上发晚安，将有趣的段子、新鲜事等随手分享到群里，如果群比较多可以使用一些群管理工具进行推送。每天可以拿出固定的时间，比如2小时左右，在各个微信群里面跟群友互动聊天。

2.3.4 引群

在混群的过程中其实就已经开始引群了，经过一段时间的混群，群友对你已经比较熟悉了，这个时候通过一定的福利进行批量引流就比较容易成功。

笔者曾经在一个200人的群里，通过一份资料引流了100多人，屡试不爽，那么具体应该怎么操作呢？笔者做了一份《门店私域流量管理手册》的电子文档，有30多页，写得特别详细，很适合门店开展私域流量运营。那个群是交流引流与流量变现的群，笔者看到有群友在群里聊私域流量后，就在群里说，最近我们也在搭建几个门店私域流量体系，总结出了一套门店私域流量管理手册。如果有需要的朋友可以私信我，回复关键词：手册，我将发给你。刚开始的时候只有几个群好友加笔者微信，当对方回复关键词时，笔者还会请他在微信群里回复一下："已收到《门店私域流量管理手册》，真的很棒。"有了他的回复，群友会产生从众心理，毕竟获得这个资料包他所付出的成本只是添加我为好友。将这个动作持续循环下去，凡是加我的微信号、索要资料的群友，都会在群里回复一句"已领取"。笔者就是采用这种方法，将一个只有 200 人的群，引流到我的微信个人号上 100 多人。

如果是使用资料引流，需要以下几个步骤：

一是资料准备，要根据不同微信群的定位准备不同内容的资料，如果是在健身群里面，可以准备一些减肥秘籍，如果是在新媒体微信群里面，可以准备一些新媒体运营资料库。

二是找准时机，切勿在没有任何预热的情况下直接发引流话术，这 3 种情况下时机比较成熟，①有群友在讨论与你的福利相关的话题；②你用马甲号在群里引导讨论福利相关话题；③自己发起，只要有人参与讨论，就可以释放福利话术。

三是引导反馈，当群友领取完资料，要引导对方在群内进行回复，让大家都知道，加你为好友可以领取福利。

2.3.5　主动添加好友

拥有了这么大的流量池之后，除了在群内混群与采用福利引流的形式之外，还可以通过主动添加好友来获取"粉丝"。

1. 说明身份

告诉对方你是做什么的，你加对方的目的是什么，同属一个群里一般通过率都会比较高。

举个例子：你好，我是王涛，目前专注于门店私域流量体系搭建，希望我们可以交个朋友，多多交流！

2. 表达关心

我们在从微信群里面添加好友时，如果你在添加好友的备注上，写下你对他的关注，对方会为自己有存在感而高兴。

举个例子：你好，看你在群里特别活跃，关注你好久了，要认识你，可以吗？

3. 请教分享

如果你在群里看到有好友正在做分享，或者发言，可以采用请教的形式添加对方好友，一般正在发言中的群友是比较容易通过你的微信的。

举个例子：你好，看你分享得很棒，想请教你关于×××的问题，可以吗？

4. 背书添加

如果你在加群友微信时有一个足够好的背书，可以让好友对你产生更多的信任，通过率往往会比较高。

举个例子：你好，我是由××推荐，来向你学习。

你好，我是私域流量变现实验室×××。

5. 金主身份

当对方在微信群聊天时介绍了他们的产品，这个时候你可以采用了解产品、洽谈合作的形式添加对方为好友。

举个例子：你好，你刚才分享的东西太棒了，想跟你了解一下

6. 提供价值

筛选出我们能够给群友提供的价值，一份电子文档或者一个其他价值产品，用价值产品去引流。

举个例子：我有一个不错的话术资料包，想分享给你。

我有一个私域流量变现实验室交流群，可以邀请你进群。

2.4　将线下流量引流到线上

在线上流量竞争的红海中，线下流量的入口变得格外重要，如果你是

一个线下产品的品牌方，产品是基于线下渠道、门店进行销售的，或者你做的是线上产品，希望借助线下流量入口来提高产品的销量，可以好好了解本节内容。

2.4.1 从店内引流到线上

对于线下实体门店，最关心的可能是如何将线下的流量引流到线上来，有很多门店老板也都在自己的门店内进行微信个人号的引流，但是效果一直不好，如果只是将微信个人号二维码张贴在餐桌或者吧台附近，不进行引导的话，顾客添加微信个人号的比例仅有1%左右。如果服务员做一下引导，可以达到5%的比例，但是这个比例还是太低。对于线下门店的流量，获取每一个进店用户都是有成本的，这个成本就是门店的租金、店员的工资、水电物业费用，折算在每一个用户身上，就是你门店的用户到店成本。要尽可能地将所有到店的流量先留存在自己的流量载体上，才能够做后期的持续运营和变现。

如何才能将线下到店流量的50%以上都导流到线上微信个人号呢？经过测试，给大家几个比较实用的引流方法。

1. 购物袋引流

引流的福利不一定是价格多高的东西，在用户最有需求的场景下给到用户的东西才是最有价值的。有一个互联网新零售生活用品品牌，将消费用户导流到微信个人号是在用户结账区进行的。顾客需要打包袋时，需要付费1元，但如果顾客扫描张贴在门店收货区的二维码，则可以免费获取，以此达到引流的目的。

需要注意的是，打包袋、购物袋、外卖袋的质量不能太差，如果质量太差，容易影响用户对品牌形象的感知，一些知名零售品牌都会定制自己专属的购物袋。

2. 停车券引流

在大型购物中心、商业综合体的停车场停车超过一定时长是需要付费的，但如果用户扫描商家的个人号二维码之后，就可以收到商家发来的停车券凭证，用户在离开停车场时可以使用这个凭证，不需要再额外缴费。

3. 赠品引流

赠品分为两大类型，一种赠品是在门店内销售的产品，另一种赠品是门店非卖品，比如服装店赠送的袜子、手套、护腕等，餐饮门店赠送的菜品、饮料、折扣等，教育门店赠送的辅导资料、线上课程、书籍等，不同的行业门店赠送的产品可根据现有产品体系来赠送，需要注意的是，不能将自己门店的主打产品作为赠品，要有专属的引流产品。

以门店的非卖品作赠品就可以了，可以是有意思的玩偶，比如可爱的米老鼠、唐老鸭、小熊猫等，在阿里巴巴上采购成本在 0.5 元左右，但是比较吸引小朋友，如果摆放在门店内，有小朋友想要领取时，需要家长添加门店老板的微信个人号。我们经常能够看到在一些商业街上会有一些做微商的团队拿着夜光气球，吸引小朋友的注意，通过给小朋友送气球来添加家长的微信个人号，只不过礼品的成本和人工成本比较高，气球平均成本 2 元一个。

对于餐饮门店，可以通过赠送餐巾纸的形式来获取用户的微信，比如添加微信好友就可以领取一包手帕纸，手帕纸一般超市的零售价在 1 元左右，进货成本在 0.15 ~ 0.2 元，用户导流成本很低。有的店专门配备线下"吸粉"用的纸巾机设备，用户扫码关注一个公众号或者一个微信个人号就可以获得一包手帕纸，还有的店是赠送 80 厘米长的卷纸，成本只需要 0.03 元。设备商会将设备安装在线下医院、学校、餐厅、车站、机场、卫生间等各个不同的场景，通过广告投放来赚取广告佣金。

4. 会员福利

用户添加你为好友，一定是需要一个理由的，对于门店用户而言，添加微信好友后可以享受到哪些特殊待遇，是他们最为关心的。比如在西贝莜面村（简称西贝）的私域流量体系运营中，西贝给予用户多重特权，顾客在西贝完成消费之后，西贝会通过微信公众号给顾客推送一条引导信息："欢迎您成为西贝 VIP 会员，您的 VIP 专属经理已在恭候，扫描二维码，任何问题他都会帮您。"通过这一段话术凸显这个西贝的微信个人号并不是客服号，而是你的专属经理，消除顾客的顾虑。在发送完引导消息之后，西贝还会推出一张引导海报，海报上标注会员可享受到的福利是：解答 VIP 权益、店内优先取号、新品推荐、问题优先解决、甄选服务、商城福利，给予顾客充分的会员服务待遇。

还有一家超市，在超市入口张贴了一张大海报，把微信好友每天可以享受到的权益都写得很清楚，周一到周日八大活动：活动一，群友专属商品。每周一到周日，20 种群友专属商品，凭借微信群结账可以享受群友价格。活动二，夜场券疯狂抢。每周二群内抢购夜场券，晚 17 点到闭店时使用，每人限量 1 张，抢完为止。活动三，限时秒杀。每周三限时秒杀，精选一款产品，底价让利，让群内小伙伴享受实惠！每人限购一份，先到先得。活动四，超低价商品预售。每周四群内推出一款专项低价预售商品，让群内小伙伴享受实惠，数量有限。活动五，购物满额赠好礼。每周五、六、日，群内小伙伴购物满指定金额即可到换购处领取好礼一份，每人限量一份。活动六，群友问卷调查送好礼。群友们有什么想买的，或有什么好的建议，或者有需要超市改进的地方可以提出来，超市尽量做得更好，并有礼品相赠。活动七，群内小伙伴邀请 10 名好友进群，凭截图即可到换购处领取礼品一份。活动八，群友生日专属好礼。群友生日当天凭借有效证件，到换购处可领取专属生日礼品一份。这么多的活动和福利，会特别有吸引力，80%以上到店消费的顾客都会被引导到微信个人号，再受邀加入门店专属的微信群内。

5. 外卖引流

餐饮外卖平台扣点接近25%，对于餐饮门店商家来讲增加了很多成本，他们也想避开外卖平台的收费，通过建立自己的流量池，用户在微信下单后可以免运费送达，就可以省下25%的平台抽成。在进行外卖平台引流到线上时，需要在引流卡上面标注清楚用户所能享受到的服务，比如添加好友的微信订单可以享受9折优惠、可免除运费、可被邀请到福利群享受各种免单机会等。另外在进行外卖送达时，可以给予用户超值的体验，比如笔者有一天订水果捞，外卖到了之后，商家还送了一个小猪玩具；第二天又订了同一商家的水果捞，送的是一个小黄鸭玩具。我在淘宝上查了一下，这种小赠品成本也就在0.2~0.3元，却能够给客户带来超值的欣喜。

6. 红包引流

对于餐饮门店，使用红包引流的形式，可以将门店到店的80%以上的用户都导流到微信个人号里面，我们为此还专门开发了一款红包引流的小程序。将门店需要引流的个人号登录在系统后台的机器人系统中，把这个个人号二维码打印出来，制作成桌卡，摆放在餐桌上面，当顾客在点餐和结账时进行两次引导，告知顾客可以通过扫描二维码获得结账立减红包，每个人都可以抢红包，抢到的红包最后结账的时候可以叠加使用。在系统后台可以设定每一个餐桌可以抢多少个红包，用户扫描二维码添加门店的微信个人号，添加后会给顾客回复一个抢红包的小程序，点击小程序就可以获得一定额度的红包。通过这种形式（见下图），能够在很大程度上提高门店引流的效率。

留存微信

通过饭桌红包玩法，引导到店用餐客户添加门店个人微信号，通过微信好友直接触达用户，形成复购或外卖消费。

7. 朋友圈好友价目表

朋友圈好友价目表顾名思义就是门店微信个人号好友可以享受到的专属价目表。门店内的产品标注两个价格，对于餐饮店可以采用两种菜单，一个价格是普通用户价格，另一个价格是门店店长朋友圈好友的价格，朋友圈好友可以得到更多优惠福利。如果顾客还不是门店店长的朋友圈好友，可以引导顾客添加，主要目的是将顾客导流至微信个人号上进行深度精细化的运营。顾客每次来店内，都可以享受朋友圈好友的价格。

实体门店与门店内大部分的顾客属于半熟人关系，因为在线下店可以见到门店的工作人员、店长或者老板，顾客添加了好友之后能够更加简单地与门店微信个人号建立起信任关系。

8. 线下活动引流

很多线下门店经常会举办各类促销活动，每次活动都会产生促销的成本，但是每次促销活动结束之后，并没有把顾客留存在自己的流量池内，造成了大量顾客的流失。将每次参加促销打折活动的顾客统一导流到门店的微信个人号内而不是门店的公众号，可以有效提高门店的用户触达率。

除了自家门店的活动外，还可以多参加如本地商场、购物中心等机构举办的线下活动，或者本地其他组织举办的线下活动，通过线下活动进行导流虽然效率比较低，但是能够扩充门店外的流量池，并且在同一场活动上添加的微信好友，能够有更多的互动和留存。

9. 鲜花引流

鲜花在用户心智中属于价值、价格比较高的产品，一般 10 支玫瑰花在线下花店里售价在 50～100 元，而如果是在昆明国际鲜花交易中心，10 支玫瑰花只需要不到 9 元钱就可以买到。用鲜花作为福利，当用户到店后，引导用户转发门店的宣传海报，凡是转发集赞的用户，都可以赠送一束 10 支的玫瑰花，或者可以用 9 元钱购买价值 99 元的鲜花，用户体验和用户感知会特别好。当然，每个季节有当季的鲜花品种，可根据产地的品种供应，来选择送花的品类。

2.4.2 异业合作换流量

2.4.2.1 异业联盟推广

自从支付宝举办了锦鲤活动后，全国各地的新媒体圈，都在自己所在的地区联合各类商家举办送福利的锦鲤活动。这些活动最后演化成通过打包各个异业合作伙伴的优惠条件，面向用户进行打包分销的形式。用户只需要支付 99 元，就可以享受价值 1 980 元的产品。这是一个通过打包异业流量来进行整合营销的过程，获取到精准用户的同时还可以赚钱。如何做一场成功的区域异业联盟推广呢？

1. 异业联盟联合推广活动的命名

可以叫作×××首届全民免单节（爱要共享，拒绝独宠）

2. 活动介绍

活动将联合本地区多个优质诚信商家，一起做一次大型疯狂免单活动，让本地区全民享受免单优惠。

活动联合多个商家提供的总价值 N 万多元的免单产品，初始定价仅仅为 98 元（根据商家的价值决定最后的定价，每满 100 人价格提高 10 元）。同时，活动采取分销的模式，每个人、每个商家都可以参与进来，将活动成功分享给一个人，一级可赚 40% 佣金，二级可赚 15% 佣金，自用省钱，分享赚钱，可以激发更多消费者参与购买分享。同时，活动可以通过本地社群、已合作的商家、本地 KOL、朋友圈、公众平台等渠道进行传播。

3. 推广渠道

（1）合作商家推广

活动采用分销机制，系统比较简单，只需要实现分销和核销两个核心功能即可。商家可将自己的推广二维码、链接通过店内海报、易拉宝及朋友圈、社群进行传播，每分销给一个用户即可获得一级 40%、二级 15% 的返佣金，佣金优厚，同时商家也对自己的产品进行了推广宣传。

（2）与本地新媒体平台合作

与本地新媒体进行合作，新媒体每推广一次就可以得到返利，可选择付费投放或者分佣金投放。选择新媒体平台应选择与活动地区与人群相匹配的平台。活动主要针对城市的某个区域，如超出这个区域，消费者加入的欲望就会大打折扣。重点选择本地吃喝玩乐新媒体平台。可通过微信公众号搜索"××"（为本地区地域名）找到相应账号并联系合作。

（3）与本地社群合作

与本地微信群合作，前期可征集群主，并提供佣金让群主推广活动。

（4）与本地关键人物合作

找到本地有一定资源并且认可本次活动的推广模式与活动价值的 ××

行业协会会长、××主席、××主任等关键人物，通过分配佣金与其利益进行绑定，激发他们推广活动的热情。

（5）线下推广

线下推广可以通过合作商家的线下门店海报与易拉宝展开，也可以在高校、步行街、商场等人流量密集的地方通过鼓励引导分销者进行。

2.4.2.2 异业合作

找到与自己同一类型产品用户的品牌做联合推广，比如卖女性包的可以与卖女性服装的品牌进行合作，做丽人护肤的可以与销售化妆品的品牌进行合作。某家丽人护肤品牌就是通过异业合作的形式，仅用了一个月的时间，流水就翻了一倍。这家店先是拿出了本店效果最明显、成本又比较低的产品作为引流产品，把引流产品做成了一张定价99元的会员卡，拥有这张定价99元的会员卡的用户，可以在这家丽人护肤门店内享受3次服务。店家将会员卡赠送给卖女性服装的门店，告知对方如果有客户在店内买够200元的衣服，就赠送给她一张护肤的会员卡，服装门店的老板也很愿意，相当于多了一个优惠的措施。这家丽人护肤品牌联合了几十家女性产品门店，使用同样的方法，不到一个月，将门店的流水翻了一倍。同时跟这家店合作的品牌，流水也得到了一定的提升。

2.4.3 门店与社区融合

笔者在不同的场所，问过很多门店老板一个问题："门店与社区的关系是什么？"我得到的回答基本上都是没有关系。其实，未来门店的发展方向是回归家庭、回归社区。

从2014年开始，德克士就在其门店中尝试"家庭日"的活动，德克士"家庭日"已经逐渐发展成为全国德克士门店的常态性社区活动，成为连接社区和家庭亲子关系的一个重要平台和枢纽。"连接社区和家庭亲子关系"就是德克士赋予门店的新价值。这一点与德克士"倡导家庭关爱与和谐社区"的品牌精神不谋而合。

同样是门店连接社区的案例，北京链家自 2019 年 5 月 20 日正式启动"社区好邻居"共建项目以来，打造出城市补给站、便民服务队、社区共建队、爱心公益队等"一站三队"的新型社区服务体系，所形成的"链家模式"为社区共建注入了新鲜活力。截至 2019 年 9 月，北京链家已经有 25 个运营大区与 45 个社区正式签署了共建协议，项目共计连接和服务北京市各行政区超过 50 个街道（地区）的 94 个社区。其中，手机公益课堂累计服务人次超过 5 500 人。2019 年 5 月 ~ 2019 年 8 月期间，快递服务累计服务次数达 110 847 次，城市补给站累计服务次数逾千次，并根据不同社区特点展开多样化的社区活动。

这些大品牌为什么更愿意与社区进行融合共建？随着互联网的发展，各个行业都涌现出多个互联网品牌，导致传统的门店获客成本越来越高，这使我们不得不去反思和重视门店对于业务的价值。门店服务的用户圈层基本上都是来自于周边小区的居民，如果将门店服务融入社区中无疑能够给门店的品牌带来更大的价值与客流量。

1. 门店与社区的关系

门店与社区的关系可分为 3 个层级。

第一个层级，是基于产品和服务的关系。社区里面的人第一次到你店里来，你的产品和服务能否高出客户的预期，并在再次复购时，能否给用户更好的产品与服务，让用户能够认可你的产品和服务，是这个层级关系的核心。

第二个层级，是基于产品、服务和客户感觉的关系。客户感觉是一个综合影响因素，包含门店内的装修、物料布置、音乐等，需要门店持续优化服务，将服务做到极致。

第三个层级，是基于产品、服务和客户深厚感情的关系。这个时候客户到店里来不再单纯以客户的身份，而是以朋友的身份来门店里串门，店内每一个服务人员都能认出重点客户，能够叫得上对方的名字，了解他的喜好，甚至可以跟这些客户开玩笑。

2. 门店融入社区

门店积极投入社区活动并付出心力，才能与社区建立良好的合作关系，为此需要门店融入社区、与居民共建社区，需要持续的投入与付出。

线下门店品牌在制定融入社区的工作内容时，要根据自己的产品特性来进行。如果你经营的是儿童产品，那么社区内的学校学生就是你需要重点拜访和融入的目标群体。定期探访社区中心、医院、物业中心等机构的工作人员并与其保持良好关系；带领团队独立完成门店社区的各项活动；定期与总部沟通反馈互动结果，并寻找机会制定改善计划并执行这些计划。

融入社区的拜访计划，需要观察了解门店附近社区的特性、社区目标群体的信息，并且制定合理长期的拜访计划，如果有机会可以尽可能多地寻找社区内的团体，比如社区的广场舞团队、宝妈团等。

先在门店内部了解是否有居住在本社区的员工或社团成员，请求引荐或陪同，现场拜访的氛围会比较愉快，未来合作可能性较大。需了解如下信息：社区经常举办什么类型的活动？社区活动中需要什么支援？以前社区和哪些商业团体合作过？在拜访过程中，要强调"品牌长期从事社区活动，也很乐于参与社区的公益活动"。

当我们走出门店，开始拜访社区、建立商圈关系时，就在传播品牌的影响力了。可以与社区活动中心、学校、医院、物业等部门联合做公益活动。如果你是一家餐饮门店，可以联合举办社区包水饺大赛，吸引更多的家庭和孩子参加，服务一个孩子就等于服务了一个家庭。还可以成立品牌公益团队，定期走访各个小区做小区卫生维护、衣物捐赠等活动。在每次活动过程中都要拍摄照片，将积累下来的素材张贴在门店内部，让社区的客户知道门店为社区所做的工作。

2.5 实体店活动运营

对于线下实体店，用户流量进来了，如果没有相关的运营活动作为承接，很难将用户留存、促活、变现。有的门店经常做活动，天天做促销、每逢节日必活动；有的门店很少做运营活动，如果做，也是想起来才做一次，没有体系化；另一种门店则从来不做活动，它们要么是有顶级的流量，比如海底捞基本上不会做促销活动，要么是没有运营团队，不会做活动。

在做活动前要先确定活动的目的是什么，通过什么形式去实现，并且在活动的执行过程中要做好备份预案，应对活动执行期间的突发状况。当活动结束后，很多商家都会忽略做活动复盘，只有不断优化每一次活动的执行细节，才能够在下一次活动中有更好的成绩。

做实体店用户运营，可以分为这几大类：引流活动、拉升付费、提升黏性、增加趣味性及增加曝光。

2.5.1 引流活动方案

互联网对实体店的冲击特别明显，线下的门店老板大多数都面临客流少或者没有客流的情况，先将流量引进来，才能进行后端的持续精细化运营与持续变现。在线下引流比较有效的方法是通过打折、促销的形式进行，但是也有技巧，力度太大，容易亏损；力度太小，无法达到引流的目的。如何才能做一场好的引流活动，我们筛选出 10 个优秀的活动方案可供参考。

1）活动名称：新店开张随天数递减折扣活动。玩法：新店开张第一天，全场 5 折，第二天全场 6 折，第三天全场 7 折，第四天至第七天全场 8 折，第八天之后恢复原价。活动说明：限于刚开的店铺，随着折扣力度减小，引流的效果会越来越弱，这属于正常现象。对于有产品质量保证的门店，用户体验完你的产品后，是能够保证复购量的，例如霸蛮米粉在新店开业时就使用了这个策略。

2）活动名称：第二份半价活动。玩法：购买第二份同样的商品时，五折。活动说明：适用于高频低价的产品，比如奶茶、冰淇淋，把这个玩法玩得炉火纯青的要数麦当劳甜筒第二只半价了，有很多人就是冲着第二只半价才去买的。用户到店的成本是固定的，增加用户客单价，可提高坪效。

3）活动名称：定时折扣活动。玩法：上午 11 点之前消费全场 8 折，晚上 11 点之后消费送水果拼盘。活动说明：缓解用餐高峰期的客流，也可以额外引流到对价格敏感的用户。广州的"钱大妈"，主打一个口号，就是"不卖隔夜肉"，从晚上 8 点开始每半个小时打一次折扣，到晚上 11 点后直接免费，大部分肉都在 7 折左右就卖完了，因为顾客如果 7 折不买，可能就被别人买走了。

4）活动名称：前 100 名到店顾客送礼品活动。玩法：店铺营业当天，前 100 名到店消费的顾客免费领取小礼品。活动说明：这种活动多见于重大节日时，比如国庆活动、周年庆之类。通过送礼品，可以锁定当天至少100 人次的流量，避免当天因客流量少给商家造成的尴尬。在一个露天烧烤城中，有一家烧烤店位于烧烤城比较偏僻的位置。顾客在选择烧烤店时往往会参考这家店内就餐人数的多少，人数越多，就会认为这家店的烧烤越好吃，而位置偏僻的门店就很少有顾客光顾。这个门店的老板采用了一个策略，让他的烧烤店在开业一周内成为烧烤城最火爆的店。每天下午 4 点之后，门店老板会请兼职人员在烧烤城门口散发传单，第一桌进店的顾客可享受 5 折优惠、第二桌可以享受 6 折，以此类推，前 5 桌可以享受折扣，超过 5 桌之后每桌赠送 10 串羊肉串，味道不好，包退款。就用这个策略，这家门店赢得了越来越多的顾客的信任。

5）活动名称：三人行，一人免单活动。玩法：三个人一起前往消费，一人获得免单资格，本质上相当于每个人打了 6.6 折。活动说明：适用于理发店、美容店或者需要购买门票的商家。这种方法的底层逻辑是以老带新，老客户带新客户就可以享受免单福利，属于线下活动的拼团。

6）活动名称：霸王餐券活动。玩法：凭券到店吃免费的霸王餐，比如水煮鱼一份。活动说明：以发传单的方式去引流，适用于新店开张。需要注意的是我们可以给霸王餐券的领取可以设置门槛，比如扫码送霸王餐券。因为容易得到的东西，用户不珍惜，设置门槛，用户会当做宝贝。一般门槛可以设定为：扫码添加门店老板微信，转发霸王餐活动海报，在朋友圈集赞 18 个，可以享受霸王餐一份。

7）活动名称：最萌身高差 88 折活动。玩法：情人节或者其他与情侣有关的日子，男女情侣吃饭，身高相差 18 厘米以上，享受 88 折。活动说明：本质上还是给部分用户特权，也可以延伸开来，比如活动当天，有穿红色衣服的，有扎马尾的，可以打折。不同策略的本质都是给用户一个独特的身份属性，在同一身份属性中，用户可以得到更大的认可，不做没有理由的折扣促销活动。

8）活动名称：熟人介绍打 9 折活动。玩法：让用户留手机号加入会员，之后有朋友来消费，报他的手机号可享受 9 折。活动说明：熟人打折让用户有了面子，当有其他人问用户哪家店比较好时，他一定会推荐这家报自己号码就可以打折的店。

9）活动名称：推荐一个新客户，双方皆可获得 5 折或免单券活动。玩法：当用户 A 邀请新用户 B 消费 C 的产品时，A 与 B 两人皆可获得一次折扣或者免单机会，A 推荐的新用户越多，他获得的折扣和免单次数也就越多。瑞幸咖啡的拉新用户的核心逻辑就是这个策略，当用户邀请新用户注册时两个人都可以获得一个免单额度。这同样适用于线下门店，比如理发店，当用户推荐一个新用户到店时，两个人都可以获得半价服务一次，推荐得越多，获得的半价机会也就越多，有利于用户的自发传播和拉新。

10）活动名称：游戏排名折扣活动。玩法：比如"王者荣耀"的王者等级可以享受 8 折优惠，微信小程序游戏"跳一跳"排名靠前者可享受 7 折优惠等。寻找一个大众喜欢的小游戏，通过游戏任务来获取更多的优惠福利。

2.5.2　拉升付费活动方案

提升门店营业额有 3 种形式，第一种是增加门店客流量，也就是吸引更多的用户到店；第二种是增加到店用户消费的客单价，提高单次购买金额；第三种是增加用户购买的频次，也就是让用户更多地复购。而在门店客流量稳定的情况下，拉升付费本质上是要提升客单价。拉升用户付费的活动力度要适当，避免用户过度消费，透支了用户的消费力会降低用户的复购率，用户到店复购的次数减少会降低其他相关产品的销量，最终得不偿失。这里有 5 个拉升付费的活动方案，可以参考。

1）活动名称：买 5 份送 1 份活动。玩法：活动期间，购买 5 份产品，赠送 1 份。活动说明：适用于低客单价的店面，比如奶茶店，卖鸡翅、鸭脖的熟食店等。买送旨在针对有单一产品需求的用户，使其对更多产品产生需求，买得越多，享受到的优惠折扣也就越大。

2）活动名称：套餐组合活动。玩法：将店里主打的产品组合成套餐，比如单买原价为 30 元，套餐价格为 25 元。活动说明：适用于高频低价的快餐店。笔者经常去的一家西安面馆，肉夹馍 10 元一个，面皮 9 元一份，稀饭 5 元一碗，三个打包一起 21 元，每次去我都会买套餐。这种策略是在快餐店内采用最多、最有效的策略，往往购买套餐要比单独购买划算。

3）活动名称：消费满 100 元，送 10 个娃娃机金币活动。玩法：可以在门店内安装一台抓娃娃机，用户消费完之后可以在收银台领取相对应的金币用以抓娃娃，尽可能让用户都能抓到娃娃，这样就可以增进用户对于门店的好感，有利于活动口碑传播。

4）活动名称：充值返利活动。玩法：开通会员卡，充值 500 元返 100 元；充值 1 000 元返 300 元。活动说明：多见于美容店，餐饮店也可以做，充值返利的金额根据利润率来定，不亏就好。会员卡充值有比较多的"坑"，最大的一个是，用户的充值金额只能算是门店的负债，属于门店欠用户的钱，只要用户不来消费，就会一直属于负债。很多品牌方在做用户储值之后，都会想办法刺激会员消费。对于一些加盟连锁门店，如果门店不再经营，退还会员充值费用的程序也很烦琐。

5）活动名称：满减或满送活动。玩法：消费满 200 元，减 20 元；消费满 200 元，送礼品。活动说明：适用于服装店、餐饮店。满减规则需要根据店内产品的平均客单价来制定，要适当高于门店内的平均客单价才能更好地激发用户的购买欲望。某商贸中心在设计商城满减活动时，后台线上人均客单价在 60 元，他们一开始设定的满减是满 58 元减 5 元的配送费，不仅仅没有提升销量，还导致客单价变得更低，后来又调整到满 79 元减 8 元的活动，这才让平均客单价从 60 元增长到 72 元。

2.5.3　提升黏性的活动

线下门店复购率是用户与品牌门店黏性的主要体现，门店用户消费能力也同样遵循"二八定律"，20%的用户创造门店80%的利润，找到那20%的用户不断提高其复购率，才是门店真正盈利的模式，一味拉新、刺激用户充值会员卡只能激发用户的冲动型消费，并不能从本质上解决门店获客难、产品单一等问题。这里有3个提升黏性的活动方案。

1）活动名称：买一送一活动。玩法：活动当天买了一份，赠送第二份，第二份需要次日至活动结束前领取，活动当天不能领取。活动说明：活动当天不能领取，大家应该就明白这个活动和5折活动的区别了，其目的是让用户有第二次进店的机会，第二次进店难免有些人会产生其他消费，当然拿了就走的用户也有，所以需要测试一下复购率，从而决定选用哪款产品做引子比较合适。

2）活动名称：集卡活动。玩法：每消费一次，赠送一张笑脸卡（或盖章），集齐5张卡，获得免费消费一次的机会。活动说明：活动利用的是人们做事要做完的心理，如果做到一半心里会不自在。一旦用户开始集卡，复购多次是十分容易的。就像支付宝春节玩"集五福"一样，虽然结果很重要，但游戏化的过程更重要。

3）活动名称：会员福利日活动。玩法：有储值会员的门店，可以每个月选择一天作为会员福利日，在这一天会员可以到店领取一份礼品。在重庆有一家卤味店，每个月的1日都是会员日，当天会员可以到店免费领取10个鸡蛋或者一盒茶叶，成本在5元钱左右，会员每次来领取福利的时候，70%以上的会员会再买其他产品，这增加了用户到店的频次与复购率。

2.5.4　增加趣味性的活动

在门店用户路径设计中，要设置顾客的巅峰体验，让顾客在离开门店后能回忆起在你的门店内的场景，能够感觉到开心、有意思，对你的店还念念不忘。当顾客到店里消费时，如果只是买完东西就走了，门店与顾客之间只是冷冰冰的销售与顾客的关系，这种门店就只是没有人情味的店铺而已。

增加门店用户路径中的趣味性，可以提升门店的亲切感，用户也会更愿意光顾这类店铺。有趣味性的活动本身并不能赚钱，也不能产生多少体现在营业额上面的增长，只是为了优化用户到店内消费时的体验，能够让用户开心一笑，就已经达到了活动的目的。分享几个比较常用的拉近门店与用户之间距离的有趣的运营活动。

1）活动名称：掷骰子活动。玩法：结账时，用户掷骰子，掷出对子1，免单，掷出其他对子打9折，掷出非对子无优惠。活动说明：适用于用户人数较多的场合，朋友之间会推出一个手气王，不管结果如何，用户一定会对这家店印象深刻。能够引发大家兴趣的并且带有博弈性质的活动会让用户更乐于参与。有一个外卖品牌，凡是外卖超过25元的，都会赠送一张价值2元钱的刮刮乐福利彩票，与用户增进更多有趣的互动。

2）活动名称：跳远打折活动。玩法：在宽阔的地方设置一个立定跳远的贴纸，根据跳远的距离来打折。活动说明：活动会引起围观，如果有人跳得很远，氛围一下子就营造起来了。做这些活动最好让性格外向的店员来引导，烘托氛围，不要冷冰冰的。引导不到位，客户很容易尴尬，效果适得其反。

3）活动名称：猜拳赢折扣活动。玩法：用户在就餐或结账时服务员与用户猜拳，如果用户赢了可以赠送一个菜品或者给予一定的折扣，一桌人比较多的话可以采用三局两胜或者五局三胜，让更多顾客参与进来。

4）活动名称："抖音最火挑战门"活动。玩法：它以身材挑战做文章，该减肥了、非常标准、完美体形等词汇悉数出现在挑战门前，吸引大批用户驻足打卡。重庆一家火锅店就用了这一招，他们将穿越等级与折扣画等号，穿过第4道门打3.8折、穿过第3道门打4.8折、穿过第2道门打5.8折、穿过第1道门打6.8折，消费者不仅体验到"身材"带给他们的优越感，更切实拿到了门店的折扣，这对于门店来讲也是一举两得。

2.5.5 增加曝光的活动

在用户成交的流程中，用户要先知道你，再熟悉你、信任你，进而跟你成交。如果你连潜在用户都无法触达，又怎样才能让更多的用户熟悉你呢？所以可以增加曝光量的活动是一定要做的。在自媒体的红利时期，通过微信公众号就可以将一个本地门店品牌炒火，一篇文章的费用大概只有5 000元，但随着自媒体流量红利的消退，用户接触到的信息越来越多，公众号的阅读量也越来越少，单纯靠公众号接广告，自媒体团队已经很难维持生计，更多的自媒体开始转型做区域电商，门店只需要提供优质的套餐服务和超低的团购价格，就可以换取自媒体公众号的曝光。这就是借助自媒体平台来打造自己门店的曝光量和影响力。如何更有效地做好门店产品的传播？我们精选了5个活动方案以供参考。增加曝光的活动是实体店一定要做的，相比于广告投放的费用，在店铺里面做的增加曝光量的活动成本要低得多，而且效果也更好，现在一些"网红店"靠激励普通用户发内容，妥妥地节省了一大笔营销推广的费用。

1）活动名称：连续转发推文吃霸王餐活动。玩法：店铺发的推文，让用户转发到朋友圈，每天转发一次，连续转发10天，到店验证后，享受免费霸王餐。活动说明：本质上是营销推广投入与产出的算账的过程。假设霸王餐值200元，用户发朋友圈一次的广告费为20元，连续发10天，刚好回本。而且连续发10天，多次转发的引流效果比转发一次的好很多。新店开业或者重大节日、店庆时可以采用这种传播模式，连续转发会透支用户的朋友圈，不宜过多使用。用得太频繁，用户会产生反感。

2）活动名称：拍照发朋友圈集赞送菜品或根据点赞数减免活动。玩法：用户到店消费后，拍照发朋友圈集赞，集 30 个赞送一个菜品，或者集 1 个赞减免 1 元钱，上限 50 元。活动说明：建议大家提供文案给用户去发朋友圈，用户自己拟的文案往往效果不理想，帮用户想好文案这个工作不能省，不然活动做了，效果没有，就有点费力不讨好了。可以直接将活动文案张贴在用户消费区、店内海报上等，虽然现在集赞的玩法比较老套，但依然是一个有效的传播路径。

3）活动名称：拍抖音，送菜品活动。玩法：用户发布在店铺拍摄抖音的视频，可以获得奖励。活动说明：任何店铺都可以在抖音做推广，也就是说，只要用户拍了抖音视频，店铺就可以拿出产品或者服务来赠送。抖音的算法机制，如果在同一个地点不断在抖音上面进行传播推广，会增大这个区域的流量池，抖音传播的算法机制会给出一定的种子流量池，很多"网红店"都是通过抖音上的爆款视频火起来的。

4）活动名称：公众号文章评论点赞前三名，送双人套餐一份的活动。玩法：在公众号推了某项服务的介绍推文后，做评论点赞活动，并为点赞前三名的用户送奖励。活动说明：上线这种活动的推文，阅读量往往会很高，为了抢前三名，用户会分享给身边的每个人去求赞，尤其是第三、四名打得最激烈。在公众号推文中不能直接写明诱导用户转发分享的内容，可以通过留言区的留言来引导用户传播。

5）活动名称：任务宝助力活动。玩法：在做任务宝活动之前，需要门店准备好一个已认证的服务号，任务宝可以选用星耀科技、乙店、媒想到、推精灵等平台，可以一键绑定到服务号上面。用户邀请 3 个好友关注微信服务号就可以获得小礼品，邀请 19 个好友就可以获得二阶任务礼品，邀请 29 人助力关注微信服务号，可以获得免单机会。在这个流程设计中，一定要计算好平均获客的成本，送出去的福利与引流而来的用户成本要平衡，单个"粉丝"的成本要控制在 1 元以内。

活动方案有了，就一定能做出效果吗？不一定，因为执行是一个难点，执行这块再告诉大家一个技巧：做活动可以一次做一个，也可以多个活动一起做。效果最好的活动频次和节奏是怎样的呢？可以采用这种策略：日常不断做小活动，每月做一次大型组合活动。活动只有组合起来效果才能发挥到最大，比如引流和拉升付费的活动一起做，当用户被引流进店后，通过拉升付费的活动，让他们掏更多的钱，会产生"1 + 1 > 2"的效果。

第 3 章

精细运营

精耕细作，重视每一个客户

私域
流量

3.1 先定位再谈运营

什么是定位？就是你在用户心目中的形象、标签。定位不是我们自己对自己的理解，而是用户对我们的理解，也就是要有用户思维，站在用户的角度去思考。在你的用户知道你是干什么的之前，不要去营销你的用户，那样只会消耗你在用户心目中的价值。在进行私域流量微信个人号的精准定位时，我们可以通过以下 7 个方向性的问题，来思考清楚我是谁、我能够给用户提供什么等：

1. 关键业务：我要做什么

首先要明确你要做什么样的产品，要做一件什么事情，产品的定位是个人号定位的前提。

比如笔者要做企业私域流量体系搭建的内训师、顾问。如果你是经营餐饮的商家，要做的是将健康、新鲜、美味的食物分享给客户。

2. 我的产品能给别人带来什么价值

你的产品价值是什么？为什么你的产品能够给别人带来这样的价值？同时这个价值应该怎么传递给你的用户？

笔者的产品价值在于可以为企业团队快速建立起可循环变现的私域流量体系，让品牌方在构建私域流量体系这个方向上少走弯路。因为笔者在私域流量体系搭建这个方向已经有 5 年的积累，有大量的行业经验和知识方法论，同时也是多个知名品牌的私域流量体系顾问。笔者能提供的价值可以通过线上课程、线下内训、顾问式咨询的形式来传递给用户。

3. 我的顾客为什么选择我

与其问已成交的用户为什么选择自己，不如去问那些没有成交的用户为什么没有选择自己。用户访谈可以有效解决这个问题，让我们知道用户为什么选择我们、在选择我们之前都对比了哪些产品、用户是从哪些渠道了解到我们的、用户更看中产品中的哪个点。

笔者在服务的数百家企业中，做过一些用户调研，用户之所以选择笔者是因为笔者能够为他们提供专业的方法论指导和系统的落地执行体系设计，而没有选择笔者的用户大多数是因为还没有完整的团队，品牌正处于早期阶段，没有办法承接这套体系。

4. 用户画像：我的客户是什么类型的人

你的客户是什么类型的人？包括他们的性别、年龄、性格、爱好、生活习惯等。他们平时都在做什么？都在想什么？怎么能跟你的产品结合在一起？

用户画像是对你服务的用户、受众的分析，只有详细了解了用户的特征，才能够更好地找到用户，并与用户产生关系。

5. 渠道来源：我的客户在哪儿

客户都在哪儿？我从哪儿能够找到我的客户？是在别人的微信群？还是在贴吧、抖音、快手里？

你的客户是来源于线下还是线上的平台，决定了私域流量体系搭建的方向，如果你的客户来源主要是周边的社区用户，而你做的是通过抖音、快手等短视频平台进行宣传推广，则显然是不合适的。

6. 竞品分析：我的竞品有哪些

我的竞争对手是谁？谁家的产品在跟我抢用户？竞品分析能够让你从整体上了解你的产品在用户心目中所处的地位。了解竞品是在不断思考自家品牌与其他品牌之间的差异是什么，基于差异化的定位更具有识别度。

7. 我与竞品相比，有哪些优势

相对于竞品的优势是用户可选择你的产品的有效点。找到不一样的点，然后放大这个点。比如你经营的门店的烧烤食材均产自自有农场，都是最新鲜的，养殖过程都是全透明的，能够让用户感知到你所在门店的产品与其他家产品的不同，就很有利于你的产品的优势定位。

3.2 打造高信任人设

没有人设的微信个人号是没有灵魂的。你的用户渴望成为什么样的人，你的人设就应该是什么样的。要努力成为你的用户想要成为的样子。微信个人号的人设是用户信任的前提，当你的用户不够了解你时，你是很难通过微信成交的。人设能够让你的微信个人号拥有"灵魂"，使其有血、有肉、有故事，在跟你聊天时，用户不会觉得是在与一个"微信号"聊天，而是在与一个"有趣的人"聊天。

3.2.1 人设的标签

主标签主要描述你要做的主要的事，属于职业标签，比如笔者的主标签是门店私域流量。主标签是能够在一个细分领域展示自己最擅长的内容，切记不要同时出现多个主标签，多一个标签就会降低用户对你专业性的信任度。××品牌创始人、××产品运营总监、××平台首席文案官等，都属于职业属性标签。

辅助标签是用于辅助你的主标签的，属于生活标签，比如笔者的辅标签有自律、爱读书、爱分享。辅助标签是用来增加你与用户之间关系的点。在生活标签中，比如还可以设定为一年读书××本、一年旅行××个城市、1个月瘦身××斤等，以凸显自己在某一方面的特长。确定了主标签、辅助标签后，也就确定了个人号主要打造的方向。

3.2.2 自我介绍

自我介绍是用户了解你的基础，很多人在进行微信社交时，是没有自我介绍意识的，往往加对方为好友之后甚至对方都不知道你是做什么的，你也不了解对方是做什么的，很难产生关系连接。有数据调查显示，如果微信好友不知道你是做什么的、能够给对方提供什么价值，你被删除的概率将上升一倍。

那么如何在微信上面进行自我介绍更好呢？首先我们要考虑，做自我介绍的目的，是希望对方能够了解"我"、了解"我正在做的事情"，还是希望未来能够产生更多连接和机会。笔者经常在微信里面向那些笔者不知道是做什么的好友要他们的自我介绍，有的好友只是发给笔者一个名字，但仅知道名字又能有什么用呢？如果笔者知道了好友是做什么的，可能还可以帮助对方提供一些合作资源。

自我介绍的五个核心点是：①能够帮助别人解决什么问题；②让别人知道你是做什么的；③让别人对我产生兴趣，主动连接；④证明自己有这样的能力；⑤让别人知道自己是做什么的并且能够短时间内记住你。

1. 自我介绍的要素

高质量自我介绍公式＝昵称＋城市＋主标签/主业务＋主要成就＋拥有的资源＋需求资源

当用户加你为好友之后，给对方的第一印象就是你的自我介绍。有关昵称与城市的介绍可以让用户感知到你是一个真实的人物，主标签与主业务是你目前最主要的身份，比如笔者的主标签和主业务的介绍就是"门店私域流量操盘手"。你可根据卖的产品直接介绍自己，卖服装的可以设定为金牌服装穿搭师，卖减肥产品的可以设定为营养师，卖母婴类产品的可以设定为育儿专家，美妆品牌可以设定为美妆达人或皮肤管理专家等。

主要成就介绍是用来给对方展示你的主标签体现的价值的，比如已帮助 374 个人健康减重 5 000 斤、单次裂变增长活动零成本 1 天增粉 10 万、帮助 500 位宝妈守护宝宝健康、已服务 300 多个品牌搭建私域流量可循环体系等，在进行主要成就的介绍中，尤其要突出具体的数字或者效果，这样才能更加真实和直观。

拥有的资源，是能够给对方提供的价值，比如你是一个购物中心的店长，你拥有的是购物中心的内购价、本地的合作资源等；比如你拥有的是系统育儿的知识体系，可以辅导宝妈育儿。对你自己所拥有、能够提供的资源进行梳理，要思考清楚哪些真正能够帮助到对方。

2. 自我介绍的原则

自我介绍的第一个原则是以个人为中心，而不是以产品为中心。你在给用户发送自我介绍时，是在"卖你自己"，而不是卖你的产品，在对方对你有了一定了解之后，再进行你所经营产品的介绍。在介绍内容中加上自己能够给对方提供的除产品以外的其他价值，会让对方认为你是对他有价值的人。

第二个原则是自我介绍要简明扼要，曾经看过很多人的自我介绍，超过 150 字的介绍基本上没有人能够看完，也就是说在用自我介绍传递自我价值的过程中要不断提炼和优化介绍内容。

第三个原则是对于不同的人提供多个版本的自我介绍，针对不同用户和其需求进行自我介绍。

3. 优秀的自我介绍

比如笔者的一个朋友是朋友圈运营专家，他的自我介绍就是：

【昵称】：端银

【城市】：广州

【标签】："90 后"朋友圈营销"老司机"，网易、创业邦等全网 37 个平台特邀课程讲师，累积帮助上万名学员实现月增收 1 000 元以上。

【特长】：擅长朋友圈营销和课程培训，全网累积有 20 多万名学员学习过我的朋友圈课程。

【个人经历】：从月薪 1 000 元的实习生靠朋友圈"逆袭"到成为年收入百万元的创业者，毕业一年买房。

【我能提供什么】：朋友圈营销思路和方法，帮你靠微信每月多赚1 000多元零花钱。

在这个介绍过程中目标用户就能感知到自己能够从他这儿获取什么价值，为后面与他进行连接提供了方向。

笔者在社群里或者线下公开课之后，对加了微信的好友都会发以下自我介绍：

【姓名】：尹基跃/Eric

【坐标】：北京

【标签】：基层私域流量变现体系操盘手

【身份】：1. 目前专注于线下门店私域流量体系搭建，擅长连锁门店、购物中心、餐饮品牌私域流量解决方案。

2. 裂变增长实验室联合创始人，新榜、崔巢、污师、快乐分享等品牌私域流量顾问。

3. 新榜、有赞学院私域流量金牌讲师。

【资源】1. 门店私域流量方法论，可以提供引流、裂变、变现的循环私域流量体系方法。

2. 介绍更多的私域流量操盘手。

3. 企业内训、年度顾问咨询、线下大课。

【需求】1. 知识付费社群资源。

2. B 端企业合作资源。

这样写能够让有合作需求的用户第一时间找到合作的需求点。

在"猫哥"的朋友圈训练营中笔者认识了一个朋友，她的自我介绍如下：

【姓名】：××

【标签】：甜品官、健身达人、10 倍速阅读践行者

【个人经历】1. 晨跑、做早操，曾连续打卡 100 余天，目前自己坚持练习瑜伽和普拉提 370 天。

2. 国内第一批 10 倍速影像阅读法学习者，1 小时 1 本书，随后创办为期 30 天的读书会，共分享 24 本书的精华内容。

3. 把用料安心的甜品分享出去，为每一个顾客带去健康和甜蜜，收获 100% 好评。

介绍内容虽然不多，但都围绕个人生活和特长来做介绍，读完之后你是不是会感觉她是一个很真实、有正能量、自律的人，更愿意和她发生更多的连接。

3.2.3　人物故事

一个人不能没有故事，专家级个人号打造的个人故事可以诉说这个人之所以会成为专家的原因，从"草根"到高峰再跌落低谷又努力奋起，最终成为专家的故事俗套却有效。

你吃过哪些苦？做过哪些事？通过什么样的努力才最终成为现在的自己？如果不知道从何思考，可以参考下文中介绍的"人设 400 问"的内容。

不论你是搭建人设还是搭建个人品牌，你都可能因为需要不断塑造原创人物或者不知道如何打造朋友圈文案而发愁。基于这一点，有时通过回

答一些新奇的小问题，可使你要打造的人物鲜活起来。

你可以尝试为每一个以这种方式创造出来的人物回答不同的问题。这可以帮助你去深入挖掘每个人物的不同侧面，即使它们之间可能会有交叠（一些问题从本质上来说是重复的）。

一些问题可能看上去相当简单，只需简短的一句话或一个词就能够回答。但试着再深追下去，用更多的问题来问自己，比如"为什么是这样？""以怎样的方式？"我为了避免文字上的累赘而不提及这些，但不是说它们就不重要。不论这些问题看上去多么简单，它都能写出一大段甚至一整页的答案。

不要草率地从字面意义上理解任何一个问题。我刻意留下了许多模糊的概念和发展空间，这样你就可以更好地以人物为中心向任何方面进行拓展和丰富。

比如问这个人物形象一些问题（以下问题按月份排列）：

一月

你的名字对你意味着什么？

今天是一月二日。今天你在哪里？在做什么？

如果你可以改变自己身体的某一部分，将会是哪部分？

详细地描述一下你的发型。为什么你会选择这样的发型？你是否很在意自己的发型？

你最喜欢的体育运动是什么？

你最后一次爬树是什么时候？为什么要爬树？又是处于什么样的环境下？如果你从来没爬过树，为什么没有？

你最不喜欢的体育运动是什么？

你最喜欢什么样的天气？

你最喜欢哪个季节？

你养宠物吗？

你早餐一般会吃什么？

你最不喜欢什么样的天气？

你最美好的童年回忆是什么？

如果你有写日记的习惯，那么通过日记你回想起的是哪段美好经历？

你经常这样做吗？

你最不喜欢哪个季节？

你是只"晨鸟"还是只"夜猫子"？全都不是？

你讨厌什么颜色？

描述你的房子的外观。

描述你过生日的场面。

哪个神话人物形象最能代表你？

你最不喜欢什么动物？

你最喜爱什么动物？

你最喜欢哪件艺术作品？

二月

你最喜欢什么饮料？

你不喜欢什么食品？

当你去医院（或其他主要的医疗机构）探望别人时，你有什么感受？

你是否接受过手术治疗？

你会游泳吗？

你对于所在的城市的感觉是什么？

你最难忘的经历是什么？

哪本书对你影响最大？

哪个人对你影响最大？都产生了哪些影响？

你为什么开始做这件事情（创业或者做店长）？

你最喜欢什么样式的衣服？

你的日常着装是什么样的？

你脑海中最早、最清晰的记忆是有关什么的？

你有几个闺蜜或者好朋友？

你会常自省吗？

你是否常固执己见？是否喜欢和别人分享你的这些观点？或是对此保持缄默？

你是否自信或自负？或者你是否缺乏自信？

哪项业余爱好对你最重要？

你的卧室看起来是什么样的？

你偏爱什么样式的家具？

什么样式的家具是你永远不会买的？

当你搬家之后，你首先要去买的是什么东西？

三月

你童年时常做什么游戏？

今天是你这一年来首次遇到的好天气。你会做什么呢？

一名医生告诉你，你受了致命伤并且生存希望渺茫。你会怎么面对这样的情形呢？

你在荒郊野外，一条蛇咬了你，而你可以肯定这是条毒蛇。你该怎么办？

你对于变老这个问题怎么看？

你如何看待生老病死的自然规律？

你通常吃什么样的食物？你是个素食主义者吗？你喜欢吃肉吗？你是喜欢亲自下厨、下馆子还是吃方便食品？

你的身体状况如何？

你很容易陷入无聊的状态吗？你会怎么应对这种状态？

你最近一次做噩梦的内容是什么？

你最近一次做美梦的内容是什么？

一般来说，你会记得你的梦境吗？

你像往常一样，早上起床洗漱，但却迟迟不见日出。你会怎么想/做？

你每天早起之后做的第一件事是什么？

你每晚睡觉前做的最后一件事是什么？

你的父母是如何评价你的？

你和家里人关系如何？

谁是你最好的朋友？

是否有人让你感到忍无可忍，但却只能委曲求全？

四月

谁可称为你的知己？

你是否结婚了？有恋人、知己、女性朋友、男性朋友吗？

你和谁一起住？

如果用你电话的快速拨号功能，接电话的会是谁？

你对同事有什么看法？他们是什么样的人？

去年你都给谁送过生日礼物？送的是什么？

你上次过生日的时候都收到了什么礼物？

你最喜欢哪个节日？

你最不喜欢哪个节日？

你和朋友们走得近吗？他们对你有多少了解？

你喜欢常去什么地方逛？

什么地方能让你有安全感？

你是某处的"常客"吗？那里的其他人对你怎么看？

当你去购物时，你会常去哪家店铺买东西？

你曾放弃过什么爱好吗？

你曾经辞职吗？如果是的话，因为什么？

你有孩子吗？你和他们之间的关系如何？

你喜欢阅读吗？如果是的话，你喜欢在什么样的情况下读，读什么样的书？你是个一般读者还是书迷？

想三本你去年所读的书的名字，找出三本你去年曾经买过的纸质书，你是否都看完了？

你最喜欢的音乐类型是什么？你有特别喜爱的音乐家吗？

列出三部让你很有感觉的电影的名字。

你一觉醒来，发觉战争爆发了。你会做什么？

你小时侯梦想长大后会从事何种职业？

长大后，你是否在做自己曾经想做的工作？如果是，这工作和你想象中的一样吗？如果不是，又是因为什么原因呢，你是否为此而感到懊悔？

回想你 5 岁、8 岁、12 岁的时候，从你的角度，列一份最企盼的礼物清单。

从一般意义上讲，你怎么看待物质生活？

什么物品是你最珍爱的？

五月

你深藏的梦想是什么？什么样的目标、雄心壮志或愿望会让你对他人闭口不谈？出于什么原因？为了达成这一梦想，你会怎么做？

列出你的 5 个人生目标。

从你 15 岁开始，每隔 5 年为你写下一个主要目标，一直写到现在。

你最惧怕的是什么？为了避开它你情愿怎么做？

如果你有机会成为某个名人，你会选择成为谁？为什么？

列举出你最喜爱的名人。

你怎么看待声望或名誉？

你会对什么人更有兴趣？是娱乐明星还是推动历史的著名人物？

如果你可以获得任何权力，你会怎样选择，为什么？

如果你可以借一种微不足道却又影响深远的方式去改变整个世界，那会是什么？

你最喜爱的老师是谁？为什么？

你每次都是心无旁骛地去做某件事吗？还是同时做好几件事呢？

你喜欢下厨吗？如果是，你最喜欢做什么？你的手艺又如何？

类似上述小问题，我们准备了400多个，鉴于篇幅问题，就不赘述了，可通过私域流量社群获取到"人设400问"的电子版手册（见封面私域流量社群二维码）。

如何将一个人物形象塑造起来，需要一个完整的个人"小传记"。比如我们做的经营雀巢老年人奶粉的"悦悦老师"的个人传记：

悦悦老师人物小传

基本信息

姓名：悦悦

性别：女

生日：1973年10月4日

身高：164厘米

体重：58公斤

职业：自媒体作者（主攻健康管理、适应老化等内容，曾经任营养科医生、跨国公司高管等职业）

个人爱好：看书、厨艺、旅游

现工作所在地：成都

人设问答 15 条：

问：今天是一月二日。今天你在哪？在做什么？

答：今天是新的一年的第二天，也是咱们的传统节日"腊八节"，相传还是释迦牟尼顿悟的日子。每年的这一天我都会陪着老妈去文殊院领一碗诵"秘制腊八粥"，这样老妈就可以多结一点善缘，而我则可以饱一下口福。

问：你最喜欢的体育运动是什么？

答：最喜欢的运动当然是爬山了，爬山不仅强度较低，很适合不太强壮的我，而且由于供氧充分，持续时间长，因此能量消耗非常多，特别适合控制身材。另外爬山登顶后，一览众山小的感觉，对我而言也是一种享受。

问：你养宠物吗？

答：家里有一只猫，虽然一直渴望着过上"猫狗双全"的美好日子，但是高强度的工作和频繁的出差使我实现这个目标变得十分困难。

问：你最喜欢哪件艺术作品？

答：最喜欢的作品是电影《国际市场》，感动得无以复加。

问：你对于所在的城市的感觉是什么？

答：成都是一个来了就不想走的城市，这里的生活节奏，以及这里的居民对生活的态度都让在这里生活的我感到惬意。

问：你为什么开始做这件事情？

答：我是从 2017 年开始从事新媒体写作工作的，年少时从医学院毕业后在医院营养科工作，后来没敌过出去看看的冲动，前后从事了各式各样的工作，甚至一度成为跨国公司的高管。但是事业小有所成后，我却惊讶地发现，相较于繁重的工作，生活的质量才是我真正的追求，于是我便开始了如今的征程，希望能通过我的努力让更多的人过上更有质量的生活。

问：你是否常固执己见？是否喜欢和别人分享你的这些观点？或是对此保持缄默？

答：有时候我真的是非常倔强！认定的事情就不会随意停下。虽然我也有一些情绪化的毛病，但是我总是努力让自己去倾听别人的意见，并乐于与大家分享我的一些观点和看法，毕竟三人行必有我师焉，在知识的碰撞中，总是会撞出真理的火花。

问：你对于变老这个问题怎么看？

答：这是一个我们没有办法改变的自然过程，但是变老就等于人生的落幕吗？不，那只是一段新的旅途。

问：你通常吃什么样的食物？你是个素食主义者吗？你喜欢吃肉吗？你是喜欢亲自下厨、下馆子还是吃方便食品？

答：个人非常推崇地中海风格饮食，但是总是控制不住自己的嘴。主张多吃蔬菜，但是肉也要吃。以前工作繁忙，多数时间都要靠外卖和方便面过日子，但是"顿悟"到生活质量才是第一追求后，开始亲自下厨，享受生活。

问：从一般意义上讲，你怎么看待物质生活？

答：世界是客观现实的存在，人是不能离开物质而活的。良好的经济基础才能让我和我爱的人过上更舒适的生活，但是如果沦为物质的奴隶，放弃了生活的质量，那么这就违背了我的初衷。

问：你一有新的科技产品就会立刻试用？还是会对科技的革新反应迟缓？

答：科技是第一生产力，我绝不落后于时代。

问：在余下的人生中，你最想完成的一件事是什么？

答：做一个有成就的中年人、乐活的老年人。

问：你希望怎样度过晚年？

答：前半辈子为梦想为家人而活，晚年我要为自己而活，唱歌、旅游、聚会、美食、运动，过自己的乐活人生。

问：你有过的最好的情感关系是什么？

答：爱情终究会在柴米油盐中化为亲情，但是亲情可以永远存在。

问：你对陌生人有多慷慨？

答：我愿意和所有人分享我的知识，以及我对人生的感悟。人不能独立而活，我希望能得到大家的认同。

通过一问一答，就能够把人物形象生动地展示出来，更加真实，在日常的朋友圈更新、与用户私聊时，可以根据"小传记"来完善文案细节和语言风格。

3.3　微信个人号 4 大基础要素

微信个人号主要用来与用户持续地产生关系，从而建立起用户与品牌之间的信任，用户对微信个人号形象的感知，主要是通过微信头像、人物昵称、个性签名、背景页 4 大核心基础要素实现的。

3.3.1　微信头像

微信头像是用户在进行私聊沟通、浏览朋友圈时最重要的展示位置，很多品牌在搭建私域流量的微信个人号体系时只是简单地将微信个人头像设置成品牌 logo（标志）或者平台的 IP 形象，这会让用户感觉这个微信号就是一个用来交易或者服务的工具，缺少了沟通的温度。最忌使用宗教元素、风景、模糊不清的图片，会让用户与你之间马上拉开距离。

微信个人头像可以设置成品牌创始人、门店负责人、产品负责人的个人形象，能够让用户有添加好友的价值和理由。也可以使用真人与品牌相结合的头像，比如真人在品牌 logo 下拍摄的头像，或者与产品的合影照片。无论哪一种形式，都要有真人出境，这样做可以快速建立起用户与微信个人号之间的信任关系。在进行微信运营时，不至于让用户产生被营销的抵触心理。

3.3.2　人物昵称

好友通讯录里面总是有一些好友的昵称是以大写字母 A 开头，看到后的第一印象是：这个好友是想营销我而故意这么设置昵称的，昵称设置成 A 开头的好友会想，这样就能够排在对方的好友列表的前面，这点小聪明往往会事与愿违。还有两类好友，昵称会设置成表情符号或者字符，让你完全不知道对方是做什么的，这几类微信个人号的昵称设置是不合格的，很容易让好友把你删除。还有一些品牌在做私域流量时会把微信昵称设置成品牌名称，单纯的品牌名称会让用户认为这个微信号就是一个品牌的客服，很容易让用户产生排斥心理。

那么怎么设置一个合格的微信人物昵称呢？微信人物昵称设置的原则是易读、易记、有特色，比如笔者的一个朋友是卖苹果手机的，他的微信个人号的昵称是"苹果哥—王涛"，个人号围绕"超低价买苹果正版产品，买苹果就找苹果哥"设置。还有一个朋友是做烤肉餐厅的，他的微信昵称叫作"烤肉哥—刘剑"，个人号围绕着"生态烤肉，牧场直供"的标签去打造。这类"产品属性加真实姓名"的昵称能够给用户传递出产品特性，同时还可以让用户知道你的主要标签——你是做什么的。

优秀的微信个人号昵称，能够让用户第一时间记住你，又不会让用户产生反感，能够用很短的文字表达出自己是谁、是做什么的。

3.3.3　个性签名

微信个人号的个性签名是体现这个微信号的主标签，同时也是这个微信号人格的主要特征，比如笔者是做门店私域流量体系搭建内训与顾问的，笔者的个性签名是：基层私域流量变现体系操盘手，专注门店私域流量体系搭建。当新的好友加我微信时，能够通过个性签名第一时间了解笔者，知道笔者是做什么的，如果有潜在合作机会，还可能交流如何合作。如果你是做母婴产品的女性，可以写"两个宝宝的妈妈，专注优质母婴产品精选 10 年"，通过一个生活化的小标签，与微信好友拉近距离，同时说明自己的专注领域，打造自己在好友心目中的标签。如果你是一个餐饮老板，微信好友主要是来你店内吃饭的客户，可以写"餐饮创业老兵，专注餐饮 20 年，只做良心菜"。在好友添加你之后就知道你在餐饮行业的专业程度。

优秀的个性签名能够让好友看到之后就知道你是做什么的，并且还能够拉近用户对你的信任。如果只是把自己的产品进行一个纯功能性的介绍，反而会让好友认为你就是一个做微信营销的，比如一个卖面膜的微信个人号，个性签名是"××面膜，采用××技术，保湿护肤，需要私聊"。这类介绍尽量避免。另外，传递负能量的个性签名也是不可取的。

3.3.4　背景页

背景页是一个很好的展示窗口，但是被大多数人忽视了。当你的用户主动进入你的微信朋友圈内，才能够看到你的微信背景页展示的内容。这个时候是用户了解你的最佳机会，但是大部分微信个人号都在背景页随意设置一张图片，失去了一个展示机会。

一个优秀的微信个人号背景页，需要包含以下几个要素：个人简介、个人形象、品牌形象、产品介绍。在背景页这么小的地方，放置这么多信息会不会显得杂乱无章？这也是很多人担心的。在设计各个要素内容时，文字内容不宜过多，100 字左右为宜，个人形象可以在背景页的右边，占用 1/3 的页面，1/6 的页面用来写个人简介，1/6 的页面展示品牌形象，

1/6的页面进行产品介绍，剩下页面可自由发挥。

统一四要素的意义

比如女装淘品牌，可以以创始人为原型，起名"××姐"，把她定义成一个懂服装设计的老板，而不是一个客服，而且她还很有生活品位。这时候我们发现用户就特别乐意添加她为好友。因为用户认为自己加的是企业的老板，而不是一个冷冰冰的账号。

当你加她为微信好友后，她会与你互动，平时还分享一些穿衣搭配的建议，还会时不时送一些福利。慢慢这个IP形象的性格、年龄、角色、喜好等画像就在用户脑子里清晰起来，信任关系也逐步加深。

用户会在朋友圈里面看到好看的衣服，同时还可以在群里收到新款服装推荐，这时候你就像收到一位熟悉的微信朋友发来的消息。在微信里你会很自然地切换到好友视角，用户的接受程度会更高。

再比如笔者的一个朋友圈好友是经营五常大米的老板，最开始笔者不知道是从什么渠道加他为好友的，可能加了两年之后，看他天天在朋友圈发他在东北与农民一起收稻子、一起装包大米，与员工一起发货的场景，正好笔者也想买大米，就直接找他下单了。他在朋友圈里面写了一段话："如果你发现朋友圈有人长期做一件事，你观察他很久，如果他还在做，你也刚好有需求，你就找他吧！"私域流量的变现不是一次性的，而是要依靠长期的用户信任关系维护，用户越是信任你，就越愿意在你这付费。

3.4 微信朋友圈精细化运营

3.4.1 朋友圈运营10大"坑"

据统计，微信公众号的头条打开率已经降低到0.8%，相当于10万

"粉丝"的公众号才只有 800 人会主动打开其头条文章阅读，而在微信个人号的朋友圈，平均打开率在 85%，如果你的微信有 5 000 个好友，那么一条朋友圈信息就能够被 4 000 多人看到，相当于一个 50 万"粉丝"的公众号的阅读量。如果将用户导入微信个人号，通过朋友圈进行触达，你的每一条朋友圈消息就相当于一次精准的推送，"粉丝"只要不删除你，就对你有潜在的需求。微信个人号朋友圈是与"粉丝"持续产生互动并建立信任关系的重要场所，但很多人在经营微信个人号朋友圈时还都是像当年做微商时一样依靠暴力刷屏。随着用户接触微商与微营销的"套路"越来越多后，用户的防范意识越来越强，反转化率也就越来越高，要更有效地运营朋友圈、更好地触达微信好友，对微信好友产生潜移默化的影响变得越来越重要。在朋友圈的运营过程中经常会出现各类"坑"，先来看一下这 10 个"坑"你有没有经历过。

3.4.1.1 没有个人生活

问一个有挑战性的问题，你看过你所在单位的客服号吗？你愿意跟你的客服号聊天、互动吗？我们调研过上百个品牌的客服号，它们都属于官方号，但只能够提供售后的咨询服务，朋友圈里面的内容要么不更新，要么只发产品广告，80% 以上的客服个人号都没有客服日常生活的信息。如果营销号没有个人生活的信息，你的朋友圈好友就会认为你的客服号仅是一个单纯的营销账号，很难跟你产生进一步的关系。如果你发的朋友圈消息比较频繁，可能还会有人把你拉黑或者屏蔽你。客服号朋友圈没有个人生活的内容是没有生气的，同样客服号在朋友圈里发其他的内容也很难引起朋友圈好友的注意，起不到宣传的效果。

3.4.1.2 没有价值输出

如果你加了一个微信好友，但跟他从来没有聊过天，他发布的朋友圈消息都是一些琐碎的事情，获取不了什么有价值的东西，你还会留着这个好友吗？要么你能够给你的用户提供优惠，因为你的产品具有高复购属性，用户每次找你买东西你都可以给他比较低的价格；要么你发的内容能够让用户有所收获，给他一定的启发，比如一些对教育的思考、对美食的思考等。用户可以通过浏览你的朋友圈消息学习到知识、得到有价值的东西，就不会轻易把你拉黑或者屏蔽掉。

3.4.1.3 刻意炫耀

网上经常有一些段子，某某微商团队长喜提"和谐号"，再或者拉着条幅跑到 4S 店去"喜提玛莎拉蒂"，拍完照就跑。你炫耀的内容与你的身份不匹配，就会让你的"粉丝"产生反感。如果一定要晒朋友圈，也要将内容写出真情实感。如果你要炫耀你通过这个项目赚到了钱，你可以这么说：

赚钱对我的意义第 3 点——实现了我的旅游自由

第一次旅游是什么时候？只记得去过一次桂林。没有任何美好的回忆，在雨季，乘旅游大巴，跟团游。在漓江的船上吃鱼要 300 多元，不舍得吃，嫌贵。

一个月挣 2 000 多元工资去桂林，感觉不如不去，浪费上班时间不说，还遇到各种难受的事。想买东西时想着要省钱，阳朔酒吧街放开喝要上千元。

赚钱后，旅游成了一件很随意的事。4 月到现在我已经去了 9 个城市：北京、上海、大理、丽江、广州、深圳、南宁、北海、成都。还去越南玩了 2 天。

出门旅行飞机、高铁随便选，高铁上的盒饭、水果随意买，不用在意。迪士尼乐园 85 元一份的快餐，高铁上 40 元一份的水果、65 元一份的套餐，想吃就买。

从省吃俭用存钱穷游，到随心所欲地说走就走，从害怕花钱，到注重感受，享受钱带来的快感，这一切都是努力赚钱的结果。

生活给我们不同的感受，而我希望自己所拥有的都是我想要的，因为我能抓住属于我的一切美好。

3.4.1.4　无病呻吟

你所发的每一条朋友圈消息都代表着你在用户心目中的标签，不发没有准备好的内容、不发没有目的性的内容。有些朋友去到不同的地方经常就只发一张照片，点进他的朋友圈，看到的基本上都是他在各个地方旅行的图片，没有文字，不知道他想要说什么，可能是想展示自己到过很多地方，但如果没有文字，你的用户是很难感知到你的所思所想的。如果你要发某张图片，一定要记得配上文字，把你的真实想法展现出来。

还有一些人，经常会在朋友圈里面抱怨公司各种不好、社会各种不公平、交通如何拥挤……满满的负能量，看完就会感觉这个人生活很失败。

3.4.1.5　各种符号

不知道你刷朋友圈时看到有人发大段符号是什么感受？经常看到有些营销号在朋友圈发的内容中加了各种表情，有撒花、笑脸、礼物、玫瑰花等，看到的第一感觉是，这条朋友圈内容是希望通过表情来吸引我的注意力，我就会潜意识里面不由自主地排斥这条内容。尽可能地少用一些表情，让用户感知到一个真实的朋友圈。

3.4.1.6　长段文字

如果在发朋友圈时复制了一长段文字，所发内容就会在朋友圈展示时被折叠，但是有很多人在运营朋友圈时不注意长段文字的折叠问题，使得发出的内容被展现的机会大大减少。其实通过搜狗、百度、讯飞、微商等输入法，是可以实现朋友圈复制内容不折叠的。对于朋友圈长文案，建议尽量控制在 200 字以内，如果字数太多，用户很难完整地看完，更不要说

可复制的私域流量
私域流量实战指南

090

提取其中重要的信息。朋友圈长文案的好处在于，可以打造朋友圈的真情实感，能够丰富朋友圈的情感内容。

3.4.1.7　没有客户反馈

看过很多门店、品牌的微信个人号朋友圈消息，很少会发客户反馈、成交的内容，可能会觉得这样太像"微商"了。但一个卖货的个人号，用户从你的朋友圈内看不到有用户在你这下单购买过，怎么能够让人信任你，相信你能够卖出去东西呢？客户反馈、客户成交、用户见证的内容是一定要发的，而且要经常发。比如餐饮品牌在大众点评上的好评，用户购买衣服的转账截图，用户做完护肤后的效果对比，都可以增强其他用户对你的信任。

3.4.1.8　广告刷屏

毋庸置疑，在微信个人号朋友圈内刷屏式地展示产品，不仅会引起用户的反感，而且还会触发微信的朋友圈降权机制。如果连续在朋友圈内刷屏广告，就会被好友屏蔽，就会被微信平台隐藏你的朋友圈内容，也就是你的好友在刷朋友圈的时候微信不会展示你所发的内容，好友只有点击进你的朋友圈主页才可以查看到你发的内容。这类号要么是微商大团队长的代理成交号，要么是官方素材号，每天发大量的内容供代理团队使用，除了这两种定位的微信号，切勿无节制地在朋友圈内进行广告刷屏。

3.4.1.9　更新断层

如果你想对微信号进行重新定位，比如你一开始是卖护肤品的，现在改行要在朋友圈内卖零食，可以采用朋友圈断层的形式，连续一周或者两周不发任何跟产品相关的东西。用户连续两周刷不到你发布的关于产品广告，慢慢就会淡化你在他心目中的形象。继而再在朋友圈里面进行预热零食项目，引导用户慢慢改变你在他心目中的标签。

如果微信号几个月不更新内容，你的好友就无法通过你的朋友圈对你进行及时了解，就不知道你在做什么，可能还会认为你这个微信号不用了。如果要打造高质量的卖货微信号，一定要坚持在朋友圈里面输出内容、塑造形象，与用户不断产生触达关系。

3.4.1.10　全是文章

有一种微信号，点进去他的朋友圈，发现所发布内容都是转发的各种链接文章，不知道他要说明什么。如果你要转发文章链接到你的朋友圈，最好配上一些文字，可以是这个链接的主要内容，也可以是自己对于链接内文章的理解和观点。

3.4.2　高黏性朋友圈的 10 大技巧

为什么你发了朋友圈信息，3 个小时过去了只有 1 个人点赞，还是你自己给自己点的？为什么你在朋友圈里面发了 3 个月的产品信息，做了各种活动，还是没有一个人从你这儿买货，难道真的是产品不好？为什么你的用户对你说，从你的朋友圈里都看不出来你是做什么的，用户很难相信你卖的产品？刚才提的这些问题，不仅仅是你遇到的，笔者最开始经营朋友圈的时候也都遇到过，那时候特别焦虑，每天花在写朋友圈的时间都有 2 个多小时，但是将所写内容发出去之后就是没有任何互动，更谈不上成交了。那时笔者还不懂得微信朋友圈的展现规则，经常复制、粘贴其他人的文案，导致微信朋友圈被降权，虽说朋友圈内容显示发了出去，但是好友在刷朋友圈的时候却刷不到我的朋友圈信息。

后来笔者认识了很多微信朋友圈的卖货高手，比如《爆款文案》的作者关键明、百万级朋友圈成交术线上课课程主讲人端银、通过朋友圈卖出 10 万斤柚子的柚子妹，他们都是朋友圈卖货成交的高手。直到那时，笔者才发现不是在朋友圈卖货难，而是绝大多数在朋友圈卖货的人都不具备朋友圈成交赚钱的思维，成交有技巧，要成交就要先打造高黏性、高互动的朋友圈。我分析了100多位朋友圈带货强人的微信个人号，总结出10大类朋友圈内容发布规律，只要你的朋友圈内容发布掌握以下10大文案技巧，就能让你的成交翻倍。

3.4.2.1　互动式提问

你的好友不是不想跟你互动，而是缺乏一个可互动的理由，让好友跟你产生互动是有门槛的，如果门槛太高，就很难激发用户与你互动。在朋友圈文案中使用提问互动式文案写作技巧，就可以有效提升用户的活跃度。比如"万能的朋友圈，大家能否推荐几道北京好吃的美食？""还记得你当初为什么加我为好友吗？"再或者引起一些好奇："这是一条拉近距离的朋友圈，在你点赞之后，你猜我会给你发什么信息。"再比如："大家最近在看什么书呢？有没有很有价值的书可以推荐的，我会把大家推荐的书单整理出来放在评论区供其他人参考。"这会吸引很多在看书，或者喜欢阅读的朋友给你留言评论。这类互动式提问的朋友圈内容发布能够让你的微信好友参与你的朋友圈生活中。

在发互动式提问朋友圈信息时，要注意所提出的问题不能过于宽泛，要有特定的答案，同时你所提问的内容尽量不需用户过多思考，回答的文字内容也不要太多。如果你在朋友圈里面询问：各位朋友，你们平时都是怎么运营社群的？这是一种需要用户进行思考的问题，而且没有特定的答案，用户不可能为了回答你这个问题编辑半个小时的朋友圈文案。

3.4.2.2　送福利

经常在朋友圈中送一些小的礼品可以激发用户的互动热情，比如点赞送书、点赞领资料、点赞拉群做分享、第3、第6、第9个点赞送小福利，引导用户在你的朋友圈内根据你的指令产生相应的动作，如点赞、评论等。每次互动都是一次在朋友圈与用户的有效连接，通过连接可以有效增强用户对你的信任感。点赞送书活动的成本不高，但一次活动可能引导上百人参加，那么你跟朋友圈好友产生互动连接的成本只需要几毛钱。如果你赠送的是电子版资料，举办点赞活动，引导用户互动，所花成本几乎为零。

在进行互动福利评选时，尽量使用可衡量的形式。如果你设定的规则是第 6、第 12、第 18 个评论的人获得奖励的话，在进行截图时，很难让大家信服谁是第几个评论的，除非你还知道如何制作朋友圈长截图。比较有效的形式就是朋友圈点赞，通过点赞列表截图可以让大家知道你是可信的。如果还想增加点赞赠送的公信力，可以使用抽奖助手小程序，大家点赞之后可以加入抽奖，等待系统自动开奖，更能使人信服。

3.4.2.3 干货类

对于做知识付费的微信朋友圈，笔者经常会发一些有关微信个人号运营 SOP、微信群运营 SOP、个人号管理手册等干货内容，让用户了解自己的专业程度。如果你是做护肤品的，可以发一些有关护肤的干货知识；如果你是做餐饮的，可以发一些美食的制作方法；如果你是卖衣服的，可以发一些穿搭指导知识等。笔者的朋友圈里面有一个朋友卖减肥产品，他经常发布一些关于营养搭配、合理膳食的内容，倡导不节食也可以随时减肥瘦身，经常这么做会使他竖立起专家形象。

我还有一个朋友，每天在朋友圈里面发"每日一问"的内容，用海报展示要提的问题，与朋友圈好友互动，晚上再去回答早上所发的问题，让用户感到其朋友圈是有价值的。"每日一问"涉及的内容有：如何连接细分领域的大平台？什么样的经历会让人瞬间长大？有没有什么欺骗大脑的好方法？每一个小问题都是一次价值输出。

3.4.2.4 有思考

对生活或者工作的思考，展现了一个微信个人号的灵魂，为此可以在朋友圈里面发布一些对热点话题的理解，但是要有自己的认知，而不是人云亦云。

笔者认识的一家企业的 CEO，就经常在朋友圈发布一些问题的思考，比如："顶级认知能力的获取其实是免费的，因为它只会吸引少数能够理解它的人"。

3.4.2.5　生活类

有些朋友在运营微信个人号的时候有一个误区，认为工作号就是用来发与工作相关的内容的，生活号只能用来展示自己的私人生活，这种观念是不对的，任何成交都建立在信任的基础上，如果从你的朋友圈内容里用户看不到你的生活状态，就无法对你有更加深入的了解和认识。伟大的销售员，都是在生活中将产品卖给他的客户的。

需要注意，在展示自己的个人生活内容时，不能脱离个人号的人设定位，比如，如果你经营的是卖中高端生活用品的微信号，而你每天所发的都是团购砍价、集赞、求转发的内容，这样做就会拉低你的微信个人号的定位。正确的做法是，发一些在咖啡厅约朋友聊天、经常去各地旅游、去中高端餐厅就餐等生活中的场景，把用户渴望的生活方式展示出来。此外，还需要注意朋友圈配图的美观，不要随手一拍就发到朋友圈，从而影响观感。

3.4.2.6　技能类

在朋友圈里面经常发一些生活小技巧，或者推荐一些小众但有价值的 App、网站，会给朋友圈的好友提供额外的价值。

有个朋友每天都会推荐一款 App，比如会推荐时间管理软件、效率管理软件等，笔者会不定期主动到他的朋友圈里面查看，最近有什么比较有意思的小工具可以参考使用。这就让你的微信朋友圈里面的好友对你有了另外的心理标签，看你的朋友圈能够学习一些技能。如果你是开饭店的，可以定期在朋友圈内分享一些美食的制作方法，或者是推荐一些本地的特色美食。

3.4.2.7 有意思

没有人喜欢无趣的人。如何让自己或者自己打造的微信个人号成为一个有趣的人和平台，能够更好地让你的微信好友对你产生了解？你可以在朋友圈里面发一些有意思的图片，或者一些有意思的段子。如果让你自己去编辑一些有意思的朋友圈内容，原创难度很高，但有几个方法可以让你快速找到有意思的内容。

1. 微博

通过关注段子手的微博主页，比如李诞、池子、庞博的微博内容，上面就有很多有意思的段子，可以作为朋友圈内容的素材来源。

2. 知乎

可以看知乎的各种有意思的回复，180°的转折段子，特别有意思。

先参考别人的段子，再去模仿着写自己的会比较简单，养成日常积累素材的习惯，把内容随手归类保存，当需要的时候就可以随时拿出来使用。

有时候一些"段子广告"更受欢迎，比如我们来看看一个卖化妆品的微信朋友圈内容："吃完烧烤回家的路上，交警把我拦下来罚款，说我一路开远光灯。我说不可能啊，我科目一考了 6 次，是一名遵纪守法的机动车驾驶员。最后看了监控，才发现是因为我用了×××小灯泡精华，脸太白了反光，皮肤光泽比车灯还亮。交警叔叔们不甘心，每个人都加了我微信×××××，还嘱咐我买到一定要给他们留一些才放我走。"

我们再来看一个房产中介的朋友圈内容："我删除了她所有的照片，扔了她用过的浴巾和牙刷，烧了当初送她的那件睡衣，撕掉了所有的电影票，从此让这个女人在我的生活中消失。昨晚睡前，我望着天花板发呆，思考家里还有什么关于她的东西，突然想起来深圳福田区×××片区×××

还有一套房子，$91\,m^2$ 三室两厅一卫，只为忘掉那段伤心的回忆，空空的房子，一如我空空的心，决定忍痛 630 万元出售，有意向的打我电话×××
×。"

朋友圈的段子不一定会带来高成交，但一定会对你的个人微信号的人设有帮助，能有效拉近你与用户之间的距离。

3.4.2.8　用户见证

用户见证是指用户对你的产品或者服务的好评反馈，比如产品的效果、功能、特色等，类似于在淘宝电商里面优秀的买家秀一样。是站在用户的角度去证实产品的效果，用户说好才是真的好。比如我曾经服务过的一个微商团队，是做高端家居产品的，推出了一款浴巾，每天都会发一条用户在不同场景下的用户见证。

如果你是做线下门店的，可以选取门店的优秀大众点评评论截图发到朋友圈里面，展示给你的好友，让大家通过其他人的评价来认可你家的产品。

用户见证的内容不宜发布得过于频繁，可以设定为 2 天发布一次，发太多反而会打扰用户，影响微信好友的关注度。

3.4.2.9　成交晒单

做过微商的人都很精通成交晒单，各种收款截图、转账截图及微信群销售截图，但是很少有人能够用好这项技能。刷屏级的晒单，只调动了你"赚钱"的标签，而不能给用户提供其他的价值。

晒单一方面可以证明你的产品得到了认可，每天都有很多用户下单，另一方面可以证明你赚到钱了，有利于代理招募。一部分人基本上不会在朋友圈里面发晒单的内容，感觉这是在炫耀，不敢让大家知道自己赚钱了，这是一个很大的误区，要敢于晒出来自己的产品成交记录。

在成交晒单的环节，同样需要注意不能够过分刷屏。在发布日常朋友圈内容时，2 天发一次这种内容就足够了，如果要推广某个新产品或者进行某项促销活动，一天可以晒单 2 次，让用户感到这个活动的火爆程度，刺激用户的消费欲望。

3.4.2.10 正能量

大多数人都喜欢正能量的人，可是如何才能让你的微信个人号显得比较有正能量，可以正向地影响到你的微信好友呢？人们为什么会喜欢正能量的人，正能量的人具有哪些特点？

正能量代表着可信、靠谱，在经营卖货的微信个人号时最重要的就是让用户认为你是一个靠谱的人。正能量的人具有乐于分享、乐于助人、积极健康、热爱学习、喜欢运动、自律等特点，在日常的朋友圈正能量标签打造过程中可以适当发一些早起、运动、读书的内容，这三类内容属于打造正能量朋友圈的基石。比如每周发至少一条早起打卡的内容，可以通过"小来早晚安"公众号生成打卡海报，显示你已经连续早起多长时间了，长期坚持下来，会让用户感知你是一个早起自律的人。每周至少发布 2 条运动场景的朋友圈内容，让用户感到你是一个爱运动的人。同样，每周至少发 2 条读书心得方面的朋友圈内容。这些内容，可以比较形象地展示出你的正能量。

3.4.3 快速生产高质量朋友圈内容

3.4.3.1 朋友圈文案内容素材平台

看了这么多类型朋友圈内容，相信大部分人最关心的是如何才能实现，怎么才能够持续不断地产出这么多内容，笔者建议大家关注几个可以作为素材库的平台，灵活使用这些平台就能够产出源源不断的高质量内容。

1. 刷屏

这款 App 是新榜旗下的内容产品，可以看到 24 小时、3 天前、7 天前的朋友圈热点传播文章，还可以关注行业 KOL 和 KOC（关键意见消费者）的个人朋友圈内容。刷屏 App 可以同步签约 KOL 和 KOC 的微信朋友圈内容，可以了解他们在朋友圈发什么内容。还可以加入不同的圈子，圈子类似于豆瓣小组，都是分享与圈子主题相关的内容。

2. 句读

句读 App 上有很多经典、有趣、有哲理的朋友圈打卡文字，同时还设有金句、好文、话题、诗词、词典等不同的板块，以及广场板块，你可以在 App 上交流自己喜欢的句子。如果遇到喜欢的句子，可以点击收藏，使用起来比较方便，内容量也比较多。

3. 句子控

句子控的内容与"句读"有一些类似，不过分类比"句读"更加精细，可以根据句子的热度进行排行，找到比较热的句子。同时还设有最新、原创、情感、搞笑、语录、生活、歌词、电影、英语、随笔、诗词等不同的板块。

4. 微商水印相机

这属于比较早的做微商的工具，主要功能是批量制作水印图片。我们在传播产品图片时，经常会被竞争对手冒用，如把自己的品牌 logo 打在图片上，就可以防止被冒用。这个平台还有比较多的海报素材，可以自己 DIY 素材内容，素材库中的视频素材可以直接在线剪辑修改成自己品牌的小视频。操作比较简单，素材比较丰富。

5. 微博

微博的内容特别丰富，可以通过搜索你要找的文案素材类型来找到相关的用户，比如要找有哲理的文案内容，直接搜索"哲理"就可以找到相关的博主，关注后可以通过他的微博内容找到相关的文案内容。一些有意思、有思考、干货类的内容都能够从微博里面找到。

6. 知乎

经常在朋友圈里面看到一些知乎有意思的回复，相较于微博，知乎的内容更加专业，适合在知乎找一些专业的、有深度的问答加以分享。

7. 饭否

"饭否"是一个发文限长 140 字的迷你博客网站，美团的创始人王兴于 2007 年创办"饭否"，是公认的微博的鼻祖，可以在上面找到比较多的有思想的文字内容。

"饭否"是目前国内更新最快的站点之一。目前，已经有不少人开发了饭否的 API（应用接口），其中一些非常有趣，像"海内存知己，天涯共饭否""饭团""饭桌"等。饭否除了能更新信息之外，还能通过图片来告诉你的朋友你在干什么。饭否还是一个移动的网页收藏夹，通过在浏览器上添加 API 就能分享自己喜欢的网页。

8. 饭团

"饭团"App 定位于新知识服务平台，在这里你可以找到各个领域的知识达人，了解他们的观点、同步他们的视野、跟随他们一起深入探讨一个话题，还可以与各路高手、专家、资深行业人士深度互动。

9. 人人相册

人人相册是一款安卓版朋友圈内容采集、归纳整理 App，可以一键获取朋友圈好友素材，还可以搭建自己的素材库。通过日常素材的积累，可以将内容保存在人人相册中，发朋友圈消息的时候直接从人人相册中找就行。但人人相册只有安卓版的 App，没有苹果版的。

3.4.3.2 朋友圈内容规划

要做精细化的运营，就需要对朋友圈的内容进行规划，依照规划好的内容准备相关素材，才可以比较好地解决"无圈可发"的问题。

如果你是做教育产品的，那么 40% 的朋友圈内容应该与产品/品牌价值输出、跟教育相关的价值输出、怎么教育孩子、孩子怎么学习更有效率等有关。虽然教育的是孩子，但产品最终还是要家长买单，因此通过教育方法来影响家长，让家长知道你是一个在教育方面很专业的人。除了在朋友圈发专业知识之外，还可以发你的产品所提供的特色服务，以证明你可以更好地提供用户所需的价值。曾经有一个幼儿教育品牌的微信号，连续一个月在朋友圈里面晒老师抱石头的训练。品牌方将石头打磨成小孩的形象，老师每天早上报到之后会进行半小时的抱石头训练。可能你觉得做幼儿教育的人为什么要抱石头呢，完全搭不上边。因为从事的是幼儿教育，很多宝宝在学习的时候可能会哭，小孩子哭的时候就需要老师抱起来哄，但是抱的时间长了就会累，品牌方希望通过抱石头的形式，来给家长传递一种"你的孩子哭的时候，老师可以抱着哄他"的价值。一个月后，老师到了学校不再抱石头了，改成每天早上到了教室先学习织毛衣了，每个小朋友毕业时都会收到老师亲自织的手套、袜子或者帽子。如果你是一个宝宝的家长，看到这么用心的老师，你愿不愿意让你的孩子在这儿学习呢？

产品/品牌价值输出的核心就是塑造产品的价值感，不仅仅是产品本身的价值，还包含你个人品牌的价值，卖任何产品，最终卖的还是个人品牌。

除了价值输出之外，20%的朋友圈内容要发产品火爆程度与产品价值功能。比如饭店老板可以发门店爆满、食客排队的场景；零售超市可以发顾客抢购商品的场景；如果做的是线上交易，可以发转账截图或者群内成交截图。在完整的发售活动中，要随时发布产品销售的进度，比如"3 小时销售 5 000 份"这类销售战绩海报，同时在销售完成之后，要发布已经发售结束的海报，让用户再次期待你的产品。当他看到你的产品这么快就被抢购一空时，会在潜意识里认可你所推的产品。

在微信个人号朋友圈内容中个人生活类内容不低于15%，可以多搜集一些旅游、出差、约会、美食类的素材，让用户感到你是一个真实的、有个人生活的微信个人号。将工作微信生活化。

5% 的朋友圈内容可以是一些有意思的段子、有趣的图片，3.4.3.1 小节介绍了可以通过哪些平台来找比较有意思的朋友圈文案内容。

20% 的朋友圈内容输出个人创业感悟和思想，如果你的个人微信打造的是一个自主创业的人设，可以发一些自己对于创业的理解，谈谈个人创业的难度，自己曾经遇到过的困难，以及如何克服困难走向成功。日常的思考与对生活、对工作的理解，可以帮助你在用户的心目中建立起有深度、有内涵的标签，让用户更愿意听取你的分享和建议。

但是无论是哪一种朋友圈内容形式，最核心的还是真诚地与用户分享你认可的事情，如果产品本身就不好，你自己都不认可的话，是很难长期坚持推荐给你的微信好友的，真诚是最有效的"套路"。

规划好了内容之后，需要针对微信个人号制定发朋友圈的时间规划。根据微信个人号朋友圈用户活跃数据分析，其中有 4 块时间是用户最活跃的，第一块是早起后 7～8 点，这个时间段大部分人刚起床或者在上班的路上，是一个工作时间的空白点，同时大部分微信用户早起的第一件事情就是刷一下朋友圈，看看有没有错过什么新鲜事。第二块是中午吃饭前，10～11 点，对于在公司上班的用户来说，这个时间他们大多在等待中午去吃饭，刷一会朋友圈就可以去吃饭了。第三块是下午准备下班的时间，即 17～18 点，下班前刷一下朋友圈。第四块是晚上到家后、准备睡觉前，21～22 点，睡前刷一刷。

一般可以在这 4 个关键时间段发布一条朋友圈内容，如果是产品在做活动，一天也不应发超过 8 条的朋友圈动态，内容太多会打扰用户。

很多人在最开始做朋友圈文案的时候都很难坚持输出文字，写着写着就没有可以写的文案了，很大一部分原因是朋友圈文案内容没有做分类，发的内容比较随心所欲，想起来什么就发什么，一有素材就发，没有素材就不发，无法系统规划朋友圈的内容体系。笔者根据上百个高卖货朋友圈的内容构成做了一个微信个人号一周朋友圈文案类型的规划，如果你刚开始做朋友圈的内容运营，可以参考以下一周内容规划模板。

周一	周二	周三	周四	周五	周六	周日
早上 7:00 ~ 9:00（起床上班前）						
早起"打鸡血"	用户见证	生活	思考	新品发售	产品优势	生活
中午 11:30 ~ 13:00（午休吃饭时间）						
专业干货	"粉丝"互动	专业干货	新品发售	专业干货	"粉丝"互动	思考
晚上 18:00 ~ 20:00（下班路上）						
"粉丝"互动	专业干货	新品发售	专业干货	用户见证	专业干货	社交
晚上 22:00 左右（躺在床上，刷朋友圈）						
产品反馈	新品发售	产品介绍	读书运动	产品反馈	新品发售	趣闻

在内容规划模板中，关于新品发售的内容放置在了不同时间段进行多次触达，如果只在同一个时间段发产品内容，可能会遭到系统的屏蔽。

3.4.4 朋友圈超高活跃度互动技巧

在微信朋友圈与好友进行互动主要有两种形式，一是点赞，二是评论，不同的互动形式效果也是不一样的。点赞与评论是微信计算你与好友之间关系亲密度的一个参考，互动量越多，你们之间的关系越亲密。

3.4.4.1 点赞

在用户朋友圈点赞有三个误区，第一个误区就是只刷朋友圈，从不给好友点赞，无法与微信好友产生有效的互动；第二个误区是偶尔有时间就随意点个赞，但可能有一些朋友圈的信息并不适合点赞；第三个误区是给微信好友的每一条朋友圈都点赞，这可能会引起微信好友的反感。

在微信朋友圈互动中应该遵循以下几个点赞原则：一，并不是所有的朋友圈都去点赞，同一个好友一天发了好几条朋友圈内容，选择 1～2 条进行点赞；二，看完朋友圈内容再决定是否点赞，有一些负能量的内容，不适合点赞；三，点赞是日常的工作，而不是有时间就做的兼职动作。

虽然是"点赞之交"，但总比不交要好，微信好友发朋友圈就是希望引起更多人的注意，你与好友互动多了，也就能够让对方对你有更多的印象。

3.4.4.2　评论

能评论的朋友圈就尽量不只去点赞，在进行用户朋友圈评论时，优先评论微信好友原创的朋友圈文案，对于只是转发一条链接、一个海报或者单纯的产品内容的，可以不去评论。评论的内容大多数应围绕着微信好友的工作及生活，这两类内容能够覆盖微信朋友圈好友文案 80% 以上的内容模块。

3.4.4.3　工作类型的朋友圈

工作类型的朋友圈文案中加班、大事项、产品介绍这三大类型的内容比较多。

1. 加班

有些微信好友经常会发自己深夜还在公司加班的信息，主要是凸显工作很辛苦、自己很努力，给自己一个肯定和鼓励的评论，能够让好友记住自己。

2. 大事项

比如项目取得重大进展、自己又拿下什么奖励、公司又签约了什么合作，主要是突出公司很厉害、自己很厉害，评论的内容也要以夸奖对方公司或者个人为主。

3. 产品介绍

这类朋友圈不需要刻意评论，可以偶尔评论，比如："我有一个朋友可能需要这个产品，有机会我推荐给他。"哪怕你的朋友没有需要。

3.4.4.4 生活类型的朋友圈

生活类型的朋友圈中自拍、聚会、旅游、美食、运动、阅读这 6 大类型的内容占绝大多数，那么针对不同的内容进行评论的原则是什么呢？

1. 自拍

在微信好友的朋友圈内容中出现自己的照片，是希望有人能够注意到自己，找到自我存在感。当有自拍内容出现时，优先评论"颜值高、气质好、懂穿搭"，也可以评论对方的一些细节，比如耳钉、发饰、衣服、项链等，让微信好友能够感受到你是在认真地评论，而不是敷衍。

2. 聚会

发布两人聚会、班级聚会、社群聚会、公司聚会等各种聚会场景内容，是个人社交需求的展现。如果是公司类型的聚会，可以评论福利好、老板好、同事好等内容；如果是私下生活聚会，可以针对聚会的地点、活动的形式、吃的美食进行评论，比如："这是哪儿？下次我也要跟朋友去。"

3. 旅游

旅游是一种自我放松的生活场景，但凡去旅游或者到不同的城市，大部分人都会发一条朋友圈消息。如果用户经常发到处旅游的内容，可以评论"羡慕你能够去这么多自己喜欢的地方"。对于旅游内容，还可以有针对性地评论咨询。

4. 美食

微信好友晒美食的比例很高。对于自己在家做菜的好友，可以重点评论他的厨艺好、菜品色相好、一看就让人很有食欲，向他请教这道菜是怎么做的；如果是在外面吃饭的好友拍了美食照片，可以评论"又在深夜放毒""拍得太好看了"。

5. 运动

喜欢运动的好友很多都会在运动后到朋友圈"打卡",对于这种正能量、健康的生活态度,先点赞,然后评论"刚开始运动要多注意一下姿势,不然很容易伤到身体"。还可以评论"太厉害了,配速很高""希望有机会一起运动,向你学习"。

6. 阅读

用户发送读书相关的内容,主要是在展示自己在学习,是一个爱学习、很努力的人。在评论互动时,可以评论"这本书叫什么名字?我也要去买一本""我也很喜欢看这类书"等。

一定要跟你的微信好友聊聊天,找到话题点,只有这样才可以持续不断地触达你的用户。

3.5 用户分层管理

微信私域流量个人号运营的核心是精细化运营,精细化运营的前提是用户分层管理。微信个人号在添加好友、持续运营的过程中,因用户的属性不同,所需要的价值也不同,如果所有的微信好友都进行一样的内容展示,不利于用户的定向转化。有些微信个人号运营者,会把自己生活用的微信号用作工作,好友列表里面有很多自己的同事、亲戚、同学,但这些人并不是自己产品的用户人群,持续在朋友圈内发产品广告反而会引发他们的反感。对好友进行分层管理,每个类别的好友都只能看到他们感兴趣的内容,这样可以提高用户对于你发的朋友圈的价值感知。

可通过昵称备注、标签分组、备注信息、电话号码、名片资料、图片资料等 6 大板块进行用户管理。

3.5.1 微信好友昵称备注

微信好友昵称备注是运营触达最多的地方，刷朋友圈能够刷到、关键词搜索能够查到、通讯录可以浏览到，属于用户分层管理的核心分组场所，在使用微信个人号群发功能时，可通过昵称搜索来选定群发人群，但是在发朋友圈时无法根据昵称进行分组可见。昵称备注的管理方式可分为以下四类（基于微信规则的限制，昵称备注最多只能有 16 个字）：

1. 关系度 + 称呼 + 状态

关系度，是指你跟这个微信好友之间的关系亲密等级。比如加为好友但从来没有聊过天的、不知道对方是做什么的、偶尔聊天的、经常互动的、见过面的、有过合作的等，根据不同的关系度可分为 A、B、C、D、E 五个等级，关系密切程度依次递减。

关系度	A	B	C	D	E
类型	重点维护客户	有过合作、有过付费行为、对你或者产品比较认可的人	经常聊天、见过面、有过私交	了解对方是做什么的、有什么需求、有过聊天和互动	加为好友但没有聊过天、不知道对方是做什么的、没有互动过

对于不同关系度的微信好友，可以设定不同的联系频次，重点维护 A、B、C 类型用户，A 类型用户每周互动一次，B 类型用户每个月互动一次，C 类型用户每季度互动一次。

称呼，并非是微信好友的昵称，也不是姓名，而是你个人对于用户的称呼备注，要方便备注者进行检索，在微信好友数量比较多的情况下，很难单凭用户的昵称或者姓名来检索出你需要的用户，比如可以备注为王总、何讲师等特定称呼。

状态，是指对方对你或者你的产品的需求状态。比如用户咨询了你的产品之后，回复暂时不需要、再看看、再等等、回头买之类的，就属于用户对你或者你的产品的一种期待状态。可以通过状态描述来进行备注，不定期进行私信回访。状态还可以包含微信好友的私人状态，比如离职、正在找工作、刚过生日、去旅游了等。

使用"关系度＋称呼＋状态"能够具象地备注你对微信好友的直观评价，比如：A 王总再考虑、C 丁讲师最近不考虑、D 刘律师在休假等。在还不知道如何称呼对方的时候，可以暂时标注为原有的昵称，在与好友进行交流时，尽可能获取好友的称呼。

2. 称呼＋渠道＋关键描述

渠道是指好友的来源。产品在做推广文案时，不同渠道可以使用不同的微信进行承接，比如是在豆瓣通过文章引流过来的，可以标注渠道名称为豆瓣，能够方便对应引流渠道、引流文案来与好友产生互动，发掘需求。如果是通过微信群添加的好友，可以备注社群的名称，以标注对方的身份价值。在电商领域，很多商家都会在快递包裹里面附带引流卡片，比如添加微信好友可以享受优惠折扣等，将用户添加为好友之后及时将来源渠道做好标注，避免与其他渠道来源的用户混在一起。

关键描述，是指与用户相关的关键事项，比如对好友生日、回访日、需要重点提醒的事项等做出标注，有利于在关键时间、节点、事项中与好友进行互动。

"称呼＋渠道＋关键描述"的昵称标注形式可以快速了解用户的来源渠道、关键信息，比如：王涛豆瓣 9 月 18 日回访、刘剑简书 7 月 18 日生日。

3. 称呼＋关系＋印象描述

关系是指微信好友与你的关系。这类标签适合将生活、工作混在一起的微信号进行分类标记，可分为朋友、同学、同事、客户等类型。

印象描述，是指微信运营者对于微信好友的印象标记，通过微信好友的朋友圈、私聊对话、微信群内容可以进行印象评价，比如通过查看好友朋友圈发现对方经常出去旅游，可以标记"喜欢旅游"，通过私聊沟通发现对方特别容易相处，可以标记"有意思""好沟通"，你对微信好友的印象是什么，就可以对应重要印象抽出关键词进行标记。

"称呼 + 关系 + 印象描述"可以比较好地呈现出好友关系与印象，纯卖货的营销个人号不适用，因为关系单一，只是销售关系。

4. 付费行为 + 称呼 + 产品需求

付费行为，是指微信好友为你的产品付费的行为。购买过的好友已经对你的产品服务认可了，以后的重点工作是追销和客户关系维护。没购买过，但又留下微信号的好友，就说明你已经与其建立了基础信任关系。如果没有成交，肯定是因为有一点需求没有满足，接下来的主要工作是挖掘客户需求。

基本上微信上的客户可以分为下面几类：

添加好友但没有购买的用户（A）

购买过一次的用户（B）

购买过两次的用户（C）

购买过三次以上的用户（D）

产品需求，是对你所销售产品的相关诉求，比如价格、功能、质量、快递、售后等。家里有宝宝的好友可能会对婴儿产品感兴趣，刚买了房子的好友可能会对装修感兴趣，通过好友朋友圈与日常交流挖掘好友的产品需求。例如，如果知道用户对于裂变增长感兴趣，笔者会标记出来，如果遇到相关的文章内容，就会发给对方，提供对方需要的价值是建立信任最快速的通道。

采用"付费行为 + 称呼 + 产品需求"的昵称标记方式可以直观地了解用户的付费行为、产品需求点，时刻了解用户的核心需求，更加精准地触达用户的需求点。

3.5.2　标签管理

微信的标签功能，相当于 QQ 的分组功能，将有同一种属性的好友归为同一个类别。可以点击"微信—通讯录—标签—新建"来增加或者删减标签名称。如果是同一个微信群的同一属性好友，可以在点击"新建"后点击"从群里导入"，选择从哪个群里导入，再点击"保存"，可以一键把微信群内的好友都标记成定义的标签，如果群内有人还不是自己的好友，是无法给他打标签的，当添加对方为好友之后，还需要手动打标签。

将好友标签化的作用是可以更加方便地通过标签来查找相对应属性的微信好友，在进行朋友圈内容发布的时候可以有选择性地针对同一类人群进行消息可见或者不可见的操作。

微信好友标签是基于你运营的微信个人号的定位、人设及所销售的产品来进行标记的。

3.5.2.1　人口属性

基于用户的客观属性来进行标记，比如性别、年龄、生日等信息，相关标签可从用户个人号设置的性别、地区及通过用户私聊的方式来获取。好友的来源渠道、圈子也属于人口属性标签，同一微信群内的好友标记为同一类型微信标签，不同渠道加入的好友做不同的标记，比如通过好友互推过来的好友，可以备注成某人推荐好友。

人口属性标签									
男	女	××城市	×月生日	××微信群	线下推广	线上推广	好友互推	××公司	同学

3.5.2.2 会员属性

会员属性是针对有会员或者代理商体系的产品的标签属性，会员分为不同的等级、享受不同的权益，可通过会员等级、忠诚度、入会路径来进行标签，其中忠诚度为评价体系标签，是通过好友的会员等级、消费频次、消费数量来进行评价的。

会员属性标签						
一级会员	二级会员	三级会员	低忠诚度	高忠诚度	线下推广入会	线上宣传入会

3.5.2.3 消费属性

消费属性是基于用户的消费次数来定义的专属标签，可分为未消费、消费一次、消费两次、超级用户。对于超级用户的定义是：消费超过三次或者介绍三个以上的用户时，可标记为超级用户，其对产品和品牌高度认可，并能够持续消费。对于未消费过的好友，又可以分为未咨询、咨询未购买、咨询有意向购买，根据不同的未付费情况做用户分层。

消费属性标签						
未咨询	咨询未购买	咨询有意向	消费一次	消费两次	超级用户	转介绍

3.5.2.4 行为属性

行为属性是与用户产生触达的行为动作，比如朋友圈有过互动、有过私聊、线下见过、一起参加过活动等，通过行为来完善用户画像，与每一个潜在客户都要做到有过互动、有过私聊，让好友知道你是做什么的，能够给他提供什么价值。

行为属性标签				
有过互动	有过私聊	线下见过	一起参加过活动	未互动过

3.5.3　备注信息

除了通过昵称、标签对用户进行分类之外，还可以使用备注功能，备注包含电话号码、名片、图片备注，当你与微信好友就重要内容沟通后，可以在他的个人信息里面进行备注，以防止重要信息的遗漏。对于重要的微信好友，还可以进行标星，标星后的微信好友会排在你微信通讯录的前面，方便查找。

用标签把客户区隔出来，是做好微信客户管理的第一步，当然也是最为烦琐的一步。可能很多客户的状况已经忘记了，但没关系，从现在开始每加一个客户就做一个标记。以前的客户能想到多少就标记多少，实在想不起来的就做个统一的标签。

3.5.4　区别对待客户

用户分层的意义在于对不同客户进行不同的运营管理，如果对所有客户都一视同仁，那么你的老客户、超级用户、会员客户就无法感知到特权。客户运营和管理中一定要做好用户偏袒，也就是对那20%的创造80%利润的客户更好一些。

将用户进行标签化分类之后，后续通过微信进行营销的时候要针对不同的用户标签给予不同的运营策略，匹配相对应的活动。

对于添加好友但没有购买的用户（A）：要侧重把客户引导到门店或者线上消费，可以推送新用户专享的活动，主要目的是吸引到店与首单成交，解决用户对产品的信任问题。

购买过一次的用户（B）：这样的客户是因为有需求没能得到满足，应重点向其宣传新产品、新服务等，挖掘客户需求。虽然只是购买过一次的用户，但用户与品牌方已经建立起了信任关系。

购买过两次的用户（C）：客户对品牌有一定信任，对产品也认可，对这部分客户宣传推广的重点应该放在消费升级、套餐升级上，深度挖掘客户需求，再针对性地制定促销方案。

购买过三次以上的用户（D）：这类客户已经是你的"铁粉"了，不要过多宣传产品，更多地给予人文关怀，让客户成为你的朋友，然后让他介绍客户给你。

总之，营销不能一概而论，对不同客户要用不同策略。

同样对于不同类型的客户，沟通也有主次。

D类用户是品牌方真正的衣食父母，是在"二八法则"中的20%，却能给我们带来80%的收益。不管品牌方做任何活动，首先应该考虑这些重点客户的感受，他们该享受什么优惠。道理很浅显，但是我们有时候为了达成一个目标，会把重点客户忽略了。比如：新用户专享、进店有礼、免费体验等都没考虑到重点客户。

在沟通上：重点客户可以一对一沟通，较深入地沟通，经常进行微信私聊，了解用户的近况，最好能够每周都沟通一次，最低不能低于一个月沟通一次。

C类用户是我们品牌产品经营的基石，虽然没给品牌方创造高额利润，但其分摊了品牌方的经营成本。对于这类客户笔者的方法一般是在空闲时间分批次沟通，一次联系5个，哪个有回复和哪个聊一会儿，把他当成工作的一部分，每天抽出一个小时找这些客户聊天。沟通这类客户时要喜新不厌旧，但原则上是新客户优先。毕竟新客户刚刚接触品牌方，需要尽快与其建立信任关系，而老客户已经对我们相当了解了。

A类、B类用户是品牌方努力争取的对象，但由于A类用户没有和品牌方产生过连接所以很难持续输出话题。对这类用户笔者把它分为A、B、C组群发信息（需要有针对性地编辑几套话术，不能群发祝福之类的信息，一点用也没有），有回复的再逐一沟通。

3.5.5　超级用户管理的 4 个核心技巧

经过用户分层管理，已经能够筛选出品牌方的超级用户画像，知道哪些用户是品牌方的超级用户，对于超级用户，应该采用特殊的管理方式来维护他们，让他们感知到在品牌方这儿得到的特权。可以通过做朋友、建立档案、给予特殊权益、搭建小圈子四部曲来维护超级用户。

1. 做朋友

对于超级用户，品牌运营方不仅要给用户提供高质量的产品服务，还需要提供更高质量的社交服务，与用户做真诚的朋友，不以推销产品为目的，真正去思考能够帮助对方什么。

2. 建立档案

建立档案是将用户资料数据化留存的过程。档案可以使用 CRM（客户关系管理）系统或者文档制作成表格，包含的信息越多越好，比如用户的性别、年龄、联系方式、住址、个人情况、喜好等，档案包含的内容越详细，越有利于去更好地了解和服务客户。当用户再次出现的时候，你就能够快速识别并给用户提供个性化的服务。

3. 给予特殊权益

对于超级用户，要给予对方特殊的权益。权益可以是利益层面的激励，也可以是精神层面的身份认同，比如给超级用户开通产品的分销权限，用户通过推广分销产品获取报酬奖励。对于高客单价的产品，可以给予超级用户荣誉身份来激发用户的身份认同，比如给予品牌代言人、荣誉大使或者荣誉店长的形式，让用户得到品牌方的认可，鼓励用户为品牌方做推广。

4. 搭建小圈子

小圈子是指为品牌方的超级用户搭建的小圈子。如果你经营的是线下产品，可以组建线下超级用户的俱乐部，让用户在这个小圈子内与更多用户产生连接。当小圈子内的用户有更多连接时，就会增加用户对于品牌方的忠诚度。如果经营的是线上产品，可以组织线上 VIP 会员微信群，为用户搭建一个可以互动交流的平台。

3.5.6　把用户发展成代理的 4 个秘诀

很多社交电商品牌的代理商都是从用户升级过来的，那么如何将我们的电商、门店、新零售的用户发展为品牌方的代理商呢？

1. 超值服务，获取信任

将用户发展成为代理商的第一步是要让这个用户得到超值的服务和体验，如果他对你的产品和服务都不能满意，又怎能对你的产品建立起信任呢？产品与服务是核心。

2. 不断复购，增加黏性

当用户对品牌方建立起初步的信任后，通过不断增加用户的复购量来增加用户的黏性，用户购买次数越多，对产品的信任度就越高，也就越能够建立起用户与品牌方的强关系。

3. 展示收入，激发渴望

用户在成为代理商前，需要看到代理这个产品的市场前景如何，要给用户展示通过代理这个产品代理商能够获得哪些收入。通过给用户展示一个赚钱的机会，来激发用户成为代理商。

4. 系统培养，立即行动

当用户成为代理商后，要给予对方完善、成熟的系统化培养，如果代理商的个人能力得不到提升，无法实现良好的收入，很容易会放弃所代理的品牌。要不断给予代理商不同类型的培训机会，从产品、流量、裂变、变现等几个方向提升代理商的卖货能力。

3.6 个人号日常工作 SOP

3.6.1 个人号运营思维

1. 改变误区

大部分微信个人号的内容产出都是基于单个品类或者品牌来做的，很多运营团队都认为做单一产品的内容很难持续，容易枯燥。其实不然。深耕单一产品的内容也能够激发用户非常强的购物欲望。以减肥类的单品为例，通过持续输出减肥相关的知识点、营养搭配、减肥效果等内容，能够很好地给用户展示一个美好的前景，进而激发用户的购物欲。

2. 改变意识

在微商兴起的阶段，许多人都在朋友圈进行暴力刷屏、直接卖货，那样做的微商绝大多数都是赚不到钱的，他们没有意识到在朋友圈里面卖任何东西最终卖的是自己，将朋友圈"卖货"的意识转变成在朋友圈"卖人"。通过朋友圈的打造，由单一的卖货，向品牌造势发展，当品牌有了势能，卖货就会很简单。

3. 发朋友圈内容

多样化的素材输出，从专业知识到财富榜样，把势能导向品牌、平台，再从平台回到朋友圈。

4. 活动配合

通过定期举办营销活动，在朋友圈里面进行文案预热，打造活动的势能，同时杜绝一味地与用户单向交流，多与用户进行互动，点赞、评论或者私聊。

5. 群发消息

群发消息必须要能够给用户提供价值，群发内容的一个核心是产品内容的强输出，比如关于产品所能解决的问题的知识点；另一个核心是活动的强输出。在群发信息前要先将用户进行分层分类管理，将内容发送给有潜在需求的人。尽可能通过群发消息将用户主动邀请到微信群聊中，进群后再进一步运营，并不是说用户是你的好友了就不需要进行微信群的触达了，在私域流量微信生态的运营中，用户的触达点越多，可影响用户行为的形式也就越多。

6. 小 IP 也是 IP

在移动社交互联网时代，每个人都是一个品牌，个人品牌对外展示的一个很主要的渠道就是朋友圈的内容呈现，运营微信个人号要进行人物性格的设定，并且体现出多个维度的生活化的场景。

7. 常规核心

微信个人号影响用户成交的触达点包含微信群、朋友圈、私聊、点赞、评论，多与用户互动，能够有效提升用户对于品牌的信任值。每天在规定时间给用户的朋友圈消息点赞、评论、私聊也是常规要做的动作，个人号也是业绩增长最快的地方。

3.6.2 微信个人号运营各时段安排

8~10点

早上刚起来，用户刷朋友圈消息比较高频，在朋友圈发一段与心灵鸡汤有关的、积极向上的文字内容配海报，内容选择比较有思想、能够给朋友圈好友启发的句子，切忌连续发千篇一律的"鸡汤"文。发完朋友圈消息之后，用半个小时的时间刷朋友圈，给好友点赞，并对30个微信好友的消息用心评论，尽量发文字评论，让好友感到你是在用心看他的朋友圈内容，而不是仅仅点赞。

为什么要这么做呢？最主要的原因是通过早上的内容给用户留下印

象，让用户记住你，在用户的朋友圈里进行高频展示。

这些内容的素材来源可以是朋友圈现有的微商、代购好友的朋友圈，如果微信好友中没有想要的内容，可以通过"句读""句子控"、微博等渠道进行搜集。

10 ~ 11 点

在朋友圈里进行产品知识介绍，分享产品卖点、用户的好评、产品购买方式等，如果你是做中老年人营养品的商家，可以发布你的产品的营养成分，你的产品相较于其他同类型产品为什么好，是品牌影响力大还是货源质量有保证？用户的好评可以通过微信对话框截屏的形式进行对外展示，如果你是做电商或者本地生活服务的商家，用户可以通过电商平台或者大众点评等渠道进行评论，可以将这类好评在朋友圈里面公布出来。

这样做的原因是，引导用户关注你的产品，当用户看到有需求的产品时，会被激发出消费欲。可以从之前发布的素材里面截图、使用群内好评截图、使用群内展示的话题等多个维度进行内容的积累。

12 ~ 13 点

发布一条日常生活的内容或个人生活日常喜好的消息，比如中午吃饭、旅游、散步、奶茶等。同时刷朋友圈，给 30 个以上的好友点赞，用心评论 30 条，用自己的语言风格去留言，口吻不要太正式。

发布个人日常生活状态的最主要的目的是实现个人性格的生活展示，突出人物的喜好，加强信任感。

素材来源于自己真实的日常生活，吃喝玩乐的内容，同时也可以搜集同事、微信好友日常发的内容，作为参考。

15 ~ 16 点

发布一条互动型朋友圈消息，比如点赞第多少个可以获得奖励，还可以发一条自己的收益截图，或者参加培训的学习内容等。送福利的互动内容每周发一次，最少每两周进行一次。

这么做的原因是通过不断的价值塑造、与用户的互动，增加微信好友对于产品和平台的认可，同时还有利于代理商的招募。

素材主要来源于日常活动或者自己参加的培训课程，以及用户的转账收款记录。

17～18 点

发布一条与工作相关的消息，比如办公室内一些有意思的事，理货上架、与客户一对一接待的场景都可以，还可以发一些有趣味性的内容、幽默的段子等，剩余的时间就与用户私聊、保持沟通。

这样做的原因是通过展示日常的工作场景使用户看到微信个人号背后人物的真实状况。

素材来源：同事们的工作状态，配合文字做引导。

20～22 点

晚上的朋友圈互动、私聊成交率相较于白天会高 30% 以上，因为晚上的时间用户受到其他方面的影响比较少，有时间与你深度沟通了解产品。晚上可发一条用户对你的日常的好评、用户的见证、对你服务的认可等消息，可以转发用户在朋友圈里面晒产品的截图，或者是效果的对比。做减肥产品的品牌经常在朋友圈展示减肥前后的身材对比图，就是一种用户见证的有效形式。晚上与 10 个微信好友私聊，并评论 30 个微信好友的朋友圈。

这样做的原因是为了凸显品牌价值，让用户觉得你的产品或者平台很真实，对用户产生潜移默化的影响。

素材可来源于日常和用户之间的私聊。

活动期的朋友圈

在产品做活动期间，虽然不一定要按照上述流程来进行朋友圈内容的规划，但还是要注重通过朋友圈来营造活动的势能，比如各种与活动相关的预热文案、海报，与用户之间的互动，以及活动上线的提醒等。配合社群的内容来同步朋友圈的活动，营造社群内的氛围。

这样做的原因是为了通过多个用户触达点实现信息的进一步触达，以及增加用户的感知。

素材来源于相关活动的内容准备。

3.7 高黏性品牌微信群打造

微信群是私域流量的关键载体，同时也是用户的高效触达体，在朋友圈触达体竞争越来越激烈的情况下，谁拥有更多用户的置顶群，谁就抢占了更多用户时间和关注度。

但相较于私域流量的朋友圈运营，微信群的运营难度更大，很多微信群刚开始建群时很活跃，过不了多久就死掉了，或者变成了一个广告群。一个优质的微信群可以带来更多变现机会，同时需要更多的运营技巧、内容输出、价值供应，才能够让用户留下来持续付费。

有的品牌做微信社群运营，经常吐槽说："现在的微信群转化太难了！每天在群内发红包、分享福利、提供话题，看着很热闹，但是一到卖货的时候，就没有人发言了。"微信群作为一个非常重要的私域流量池，它本身就是一个提升用户价值、实现业务增长的利器。国货美妆品牌"完美日记"，通过微信个人号与社群提升转化和复购。仅仅用了 8 个月的时间，销量增长了近 50 倍，赶超 YSL、SK–II 等国际大牌，并建立了百万级别的"私域流量池"。

2019 年赴美 IPO 的"云集"，2018 年 GMV（成交总额）超 227 亿元，其中近 7 成是 740 万名付费会员贡献的，仅会员费的收入就高达 15.5 亿元。

2018 年 9 月在纳斯达克上市的"流利说"，2018 年净营收为 6.37 亿元，同比增长 284.9%。亿级收入增长的背后，离不开"流利说"背后的 2 000 多位社群运营官。

一方面微信群带来了高流水和用户活跃度，另一方面微信群运营不好影响口碑、造成用户流失，品牌方微信群应该怎么运营，才能够有效避险，获得更多用户增长呢？

3.7.1　品牌微信群的运营误区

由于品牌方在最开始搭建自己的微信群运营体系时定位不清晰，微信群的性质后来可能就变了。

1. 客服群

大多数品牌在进行客户微信群运营时都使用"客服群"的名称，群内的话题会被限定在单一品牌产品的客户运营，群内的价值也是由品牌方单向输出，很难调动微信群内其他群成员的价值输出与话题讨论。

2. 福利群

福利群、秒杀群、团购群、活动群、促销群是品牌方在做产品活动时用得比较多的群名称，用户可以在群内获得关于产品的优惠信息，还可以抢福利、领红包等，这类微信群激发了用户的好占便宜的心理，在做活动时会比较活跃，但日常很难形成持续交流与变现。

3. 广告群

微信群运营不到 3 天，群成员就会在群内传播各种广告内容，群会逐渐被广告攻陷，失去运营的价值。

4. 投诉群

对于重视后续服务的非标产品，很难通过微信群来做用户运营，一旦产品出现质量、服务问题，用户自发在微信群内投诉反馈，会影响其他用户对于产品的信任度。同时低频、高价的产品也不适合通过微信群来运营客户，可以把用户分别拉入品牌方的售前、售中、售后客服所在的不同的微信群做服务，不把用户拉入同一个微信群。

3.7.2　微信群定位

品牌方在做微信群私域流量池时，要先明确搭建的微信群的定位，不同的定位设计，微信群的运营方法有很大的区别，根据微信群的功能，可以分为大概3类微信群：成交型微信群、服务型微信群、关键客户微信群。

1. 成交型微信群

成交型微信群的主要功能是用来做产品发售与交易，主要针对产品的潜在用户，运营的形式主要是通过闪购，不需要持续提供服务价值。比如在单次福利、秒杀、拼团等促销活动中使用微信群进行定向成交，活动结束后解散所使用的微信群。

成交型微信群运营存活周期在一周到一个月，希望持续卖货的微信群，可以延长运营时长，比如淘客、好省、拼多多等福利优惠群，属于纯卖货群，没有其他交流与价值输出。

成交型微信群促进用户成交的重点在于氛围的营造，从多个维度来塑造产品的价值，限时限量激发用户的购买欲望。对于成交型微信群，命名很关键，可以采用如"×××品牌内购群""×××品牌闪购群""×××品牌优惠福利群"，让用户明确知道微信群的功能。

2. 服务型微信群

服务型微信群是主要给用户与潜在用户提供持续价值输出与服务的阵

地，比如在医疗行业，门诊大夫通过建立门诊预约诊断微信群，在群内与患者交流病情，并给出用药指导；在美妆行业，美妆师在微信群内分享护肤、保养知识等，都属于用户服务型微信群。服务型微信群占品牌方用户微信群的70%以上，服务型微信群可以做群内交易与发售，但成交型微信群不需要做持续的服务与价值输出。在运营服务型微信群时，群的命名很关键，如果你是做美妆产品的商家，可以叫作"××变美研究院""××品牌一起变美群"；如果是做餐饮的商家，可以叫作"××吃货研究院""××吃喝玩乐大本营""××吃在杭州"；如果是做服装行业的商家，可以叫作"××穿搭研究所""××衣品研究院"等，最不适合的微信群名称就是单纯的品牌名，比如"××品牌用户服务群""××品牌售后交流群"，也最好不要使用"××福利群""××红包群"，会限制用户的交流内容，很难激发用户在群内进行价值输出。

如果使用的是研究院、俱乐部、大本营等某一个泛行业的名词，群内交流的价值输出会相对多元化，同时也不会脱离微信群的主题定位。

3. 关键客户微信群

关键客户微信群是主要运营品牌 VIP、会员的微信群，筛选"粉丝"进行定向精准运营，在这类微信群的运营中需要给用户提供更加优质的服务内容，用户可以享受到更高的特权，活跃度不是这类微信群的运营关键点，价值输出才是，不仅要品牌方来进行价值输出，还要引导群内好友进行价值输出。

在品牌方搭建微信群私域流量池时，不能只搭建某一个单一类型的微信群，而是多种微信群并行，将用户通过不同的微信群进行分级、分层管理。

3.7.3 高成交微信群运营策略

搭建了不同类型的微信群后，如何进行持续的微信群运营，如何制定运营策略来保证微信群不会沦为广告群、死群？通过运营上千个不同类型的微信群，我们总结出了以下 10 个微信群运营关键点。

1. 设定群规

没有规矩不成方圆，每种类型的微信群都少不了群规。该谈论的话题、不该谈论的话题，允许传播的内容、不允许传播的内容都要有明确的规定。

新人入群做哪些方面的介绍，群内昵称设置等，都要有统一的规范。一个长期缺乏管理的群必将沦为广告群、灌水群，生命周期会十分短暂。因此拥有健全的管理制度对运营一个群是非常重要的。

一个微信群最重要的管理规则就是群规，设定了群规之后任何人都要遵守，一旦有人触犯，要给予惩处。微信群群规主要分为以下几个部分：

第一部分：微信群定位

说明微信群的定位是什么，也就是规范微信群内话题讨论的主题方向，比如"本群是××品牌用户交流群""本群是××吃货研究院"等群定位信息。

第二部分：微信群价值

告知群友在群内可以得到的价值，比如不定期的分享、主题讨论、优惠活动、促销信息、各类品牌福利等。

第三部分：微信群禁忌

微信群内禁忌谈论政治话题，传播色情内容，讨论非法行为，如果有这类内容的讨论和传播，微信群群主会受到执法单位的追究。同时也应禁止只发广告的行为，可以在发广告的同时配上红包一起发，或者规定一个固定的发广告的时间。

第四部分：微信群惩罚

当微信群好友在群内触发了相应的群内禁忌话题时，需要给予惩罚，比如连续发广告而不发红包者将被踢出微信群。

完整微信群规模板如下：

以知识付费类型微信群为例：

重要！必读

欢迎大家加入××知识星球微信群

本群为私域流量交流学习群，会不定期邀请行业大咖进群分享，希望各位群友能够多多分享行业知识，共同学习成长。

进群请修改群昵称：姓名＋城市＋公司＋职位

1. 禁止谈论政治、宗教等敏感话题；

2. 禁止私加好友，有爆粉行为欢迎举报；

3. 发广告需要配发不低于10元钱的红包；

4. 以上任何一条如若违背将被移出微信群。

以品牌方服务型微信群为例：

重要！必读

本群为××品牌客户服务群，会不定期在群内分享如何护肤、如何保养等干货知识。

进群请修改群昵称：姓名＋城市

群内均为××品牌用户，有任何产品功效、使用方法等问题均可以在群内交流。

1. 禁止谈论政治、宗教等敏感话题；

2. 禁止私加好友，避免造成群友不必要的损失；

3. 禁止发广告链接、海报、二维码；

4. 以上任何一条如若违背将被移出微信群。

2. 定期活动

定期在微信群内举行活动或者进行话题互动可以有效激活微信群用

户，比如在裂变增长实验室的联创微信群内，群管理员每天傍晚 6 点都会抛出一个话题来让大家讨论，参与讨论的群成员还有机会获得奖励，会在话题时间讨论大家最近在看什么书、有什么值得推荐的电影、有没有经历过特别难忘的事情、你的名字对你有什么含义等，能够用话题引发群友的讨论。

还有一些品牌微信群，会在每天早上 10 点在微信群内发红包，手气最佳者可以享受免单或者半价购买福利，也是激发微信群好友活跃度的一种形式。

也可以每天选出来不同的产品进行特价活动，比如周一到周日每天选出一款产品，当天产品半价。

3. 更改群名

很多微信好友拥有多个微信群，可能会将品牌方的微信群消息屏蔽，在微信群内有大事件时，可以使用修改群名称的策略，比如"××晚上 8 点秒杀群""××早上 10 点准时抢红包群""××晚上 8 点不见不散"等，用户不需要点击微信群内容就可以通过微信群名称来获取群内信息。

4. 群内接龙

群内收到回复的接龙，可以有效促进微信群内好友的跟随效应，同时能够提升群好友的参与度。

5. 群内红包

在微信群内发红包是激活用户的有效手段，但发红包也有很多方法，如果没有使用好，还有可能会起到反作用。在群内发红包时，平均单个红包金额应在 1 元，金额过低激发不了群友抢红包后的幸福感。也可以使用红包来聊天，比如要在晚上 8 点开始一个活动，可以通过红包上的文字来提醒大家，每几个字包一个红包，让抢红包的人更加关注将要发生的事情。还可以不定期组织红包接龙，手气最佳的群友，发送一个等同金额的微信群红包，通过红包来活跃群内氛围。

6. 价值引导

如果建立了微信群，好友只是在群内抢红包、抢优惠券或者其他福利，这个群就很容易变成一个占便宜的群。有效的价值引导可以激发用户对群内价值的贡献，比如可以引导大家把自己擅长的生活技巧、行业知识发送到群内，分享的价值最高的好友可以领取专属红包。

7. 重新拉群

对于成交型闪购群，在完成相应的功能定位后，可以予以解散，将微信群好友转移到另一个微信群中。解散微信群并邀请群友加入新群的过程也属于对微信群友的筛选，不活跃的微信群已经没有运营价值了，通过解散微信群、重新邀请到新的微信群可以做到再次激活。

8. 群内激励

可以使用微信群的管理工具，使用微信群积分管理制度，根据在群内贡献的聊天内容来计算群内积分，每个月积分排名前 10 名的微信群好友可以获得相应的微信群福利。小 U 管家、WeTool 企业版、微友助手等软件都可以进行微信群的辅助管理。而且还可以查看微信群内的活跃度，对连续多天不活跃的用户，可以采用清出微信群的策略，让用户重视微信群的价值。

9. 共同运营

共同运营是指在微信群内招募运营官，比如轮值群主、微信群志愿者管理团队等，来辅助品牌方进行微信群的内容管理和氛围引导。一般一个微信群会选择 5 ~ 7 个微信群助理，给予不同的角色，比如轮值群主、学习委员、纪律委员、干货汇总助理等，对于优秀的微信群助理给予相应的福利奖励。

10. 群友连接

群友连接包含线上和线下，应尽可能让群友有线下交流的机会，如果没有，也要引导群友之间形成小圈子连接合作的关系，比如在微信群刚成立的时候，每个入群者都可以把自己的介绍发到群内，说明自己拥有什么资源、希望得到什么样的合作、擅长哪一个方向，让群友之间产生合作的机会。

3.7.4　打造微信群马甲系统

1. 什么是马甲系统

一个现实生活中的人在同一论坛注册多于 2 个（含 2 个）ID 并同时使用时，常用的或知名度较高的那个 ID 一般称为主 ID（主号），其他 ID 称为马甲 ID，简称马甲。马甲也叫小号，应用在微信群中，是指在微信群中的微信小号，充当运营方之外的账号。马甲系统是通过软件系统构建一个可以同时批量在微信群内进行互动的账号体系，经常用于微信群的运营。

2. 马甲系统的价值

微信群马甲系统可以协助微信群运营方更有效地进行微信群的管理，可以实现氛围营造、发售预热、危机处理、被动引流等作用。

（1）氛围营造

一个微信群越是没有群友发言，就越容易成为一个死群，如果群友不退群，这些群友就只能是品牌方的潜在用户群体。

通过马甲系统可以在群内进行话题引导、价值讨论，只要群内有活跃用户在发言，其他群友会被影响。比如一个购物中心微信群，在“双十一”活动中建立起了 200 多个秒杀活动微信群，但是只过了 3 天，微信群内就开始被广告霸占，于是购物中心在每个微信群内邀请 5～10 个马甲微信号，不断在群内互动交流，不到一个星期，微信群又开始活跃了起来。

（2）**发售预热**

在进行群内发售时，最尴尬的场景就是在群内发出了产品，但是没有群友响应。马甲系统就能够在群内扮演发售前的预热角色，对正式发售前的产品进行价值预热，比如配合主号来描述产品的价值和功能，对产品表现出期待，从而激活其他群成员。在发售中持续推进销售的热度，避免发售的冷场。在发售后，可以通过马甲系统在群内不断给出对产品的反馈，让没能够成交的用户对品牌产品建立信任关系。用好发售马甲系统，可以将发售的成绩提高40%以上。

（3）**危机处理**

在进行微信群管理的过程中，避免不了有用户在微信群内反馈产品或者服务质量不满意，进行群内投诉，马甲系统可以在用户反馈问题时候采用第三方用户反馈的形式，间接回应在群内投诉的用户，将对品牌的不利影响降到最低。

（4）**被动引流**

在向其他微信群进行微信引流时，可以采用多个马甲来给主号引流，辅助主号在微信群内互动交流。

3.8 微信群内容运营 SOP

1. 早安互动打卡

早安互动打卡活动一般在早上7点到8点之间进行，可以搜集与群内成员画像一致的内容进行早安互动打卡，比如一个女性产品社群，可以分享女性相关话题，有正能量、有热血、有激情、有共鸣的简短的鸡汤文案。早安互动打卡签到可以带入早安分享，给她们留下印象，让她们记住你。

比如：大家好，早安分享。

通过一周的总结，我们给所有需要减肥的人的建议就是：先调理身体。体重一时降下来没什么了不起，但是要做到正常饮食和休息后，体重依然保持正常，这才了不起。靠某个阶段大运动量减下来的肉，一定会在你不运动的时候，又全部还给你。

所以要以健身而不是瘦身为目的，然后调整生活习惯，改善体质，这样才能保证身体瘦下来后不再反弹回去。

今天你签到了吗？

各位朋友，早安分享。

我们总以为是生活欠我们一个"满意"，其实是我们欠生活一个"努力"。

做人其实很简单：你对我好，我会对你更好，人心换人心，你重我就沉！

提前一周准备好接下来一周要在群内进行早安互动打卡的句子或者段落，如果群数量比较多，可以使用 WeTool 的 SOP 功能提前设定好，每天几点要在哪几个群内同步早安互动打卡，系统会在设定的时间里自动推送。

2. 产品知识与产品好评分享

上午 9 点到 11 点之间，适合分享一些品牌产品的知识点或者产品好评。产品好评的反馈不宜每天都发，控制在 3 ~ 5 天发一次，每次发多条反馈，保持产品反馈好评的热度，不会造成群内信息的骚扰。主要是通过发送产品知识来深化群友对于产品的认识。

产品的知识点可以通过功效好处、市场痛点、痛点扩展、解决方案、好评、用户见证几个方面来进行，可以以每周为一个循环，在社群内进行分享。

3. 日常工作

日常工作的分享适合在下午 13 点到 15 点之间，主要是让群友了解品牌方、运营方日常工作的内容，能够拉近用户与品牌方之间的距离，比如在工作中加班、喝茶、见客户、开会等内容，可以在工作中收集相关内容素材，也可以请同事帮忙采集相应素材，建立素材库。在群内分享群主的日常工作与群友的日常工作，可以增进运营方的真实度和可信度。

4. 产品价值输出

可以在下午 15 点到 18 点之间输出产品的价值，输出价值主要是满足群友的需求，如果是美妆类社群，可以输出护肤、养护类型的内容，如果是减肥类社群，可以输出减肥瘦身相关的知识价值点。价值点可以引发用户的话题讨论，素材可以通过微博等内容平台进行搜集，搜索相关干货知识保存在自己的素材库中。

5. 群内互动

晚上 20 点到 21 点适合在群内与群友互动，可以围绕活动信息、群内好评、群内话题及每周的小互动等板块与用户在群内进行互动交流。

以上为每日群运营参考建议，但是群经营不是一成不变的，一定是灵活、好玩、用户感兴趣的，如果需要邀请讲师在群内进行分享，需要提前两天制作好海报，并在群内预热话题。

第 4 章

裂变增长

无裂变，不引流

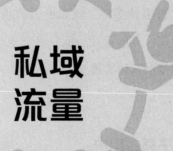

用户裂变是用户运营中最常用的策略，激发用户裂变可以有效提高用户增长的效率，裂变是通过给用户一定福利，来激发用户传播与转介绍的过程。在这个过程中需要把控种子裂变用户、福利设置、价值塑造、裂变路径、裂变规则、用户承载、循环裂变等各个环节。需要明确的是，裂变不是一个偶然的动作，而是用户运营过程中的常规动作，对每一次活动、每一篇文章都要设计好裂变的路径。

裂变的形式有多种多样，比如助力砍价、赠一得一、任务宝、测试、打卡、返现、红包、养成游戏、瓜分奖金池、游戏答题等，本章主要介绍任务宝与分销裂变的具体实操流程。

4.1　寻找种子裂变用户

种子裂变用户在整个裂变活动中属于增长的基础引擎，如果没有足够量级、足够精准的种子裂变用户，裂变活动很难成功。种子裂变用户与产品的种子用户的概念并不完全一致，种子裂变用户对于品牌传播的能力与意愿更高。

4.1.1 种子裂变用户的界定

为什么有的裂变活动裂变层级可以达到二十多级，而有的裂变活动连两级都很难达到呢？种子裂变用户的作用就在于此：他们可以有效增加裂变活动的裂变层级。

1. 产品用户画像

在界定种子裂变用户之前，需要先明确最终要消费产品的用户画像，第 2 章对如何进行产品用户画像分析进行了具体讲解。如果没有精准的用户画像描述，很容易在用户获取、裂变环节产生画像偏差，比如你的产品属于母婴用品，需要宝妈用户，而你描述的用户画像是有车一族，最终使用了汽车周边产品作为活动福利，导致进来的流量以有车的男性用户居多。要了解清楚谁才是你的用户，当初他们为什么会选择你，这些用户存在于哪些平台，如何才能找到他们。

2. 诱饵需求画像

诱饵是引导用户进行裂变传播的载体。如果用户使用母婴用品，就应该围绕母婴用品的用户需求来进行诱饵设定，比如使用儿童绘本、绘画笔、儿童玩具、儿童故事书等。诱饵应与裂变用户的画像一致。

3. 具有传播意愿与能力

用户不一定有传播意愿和能力，这就需要去引导和培养，在进行种子裂变用户筛选、识别的过程中，用户的"传播意愿"是第一思考要素，应围绕让更多种子裂变用户分享活动信息，传播给更多二级用户，进行种子裂变用户的寻找。最好是在行业内或者在种子用户群体内具有影响力的人，这类 KOL 的传播能力是普通种子裂变用户的几十甚至上百倍。

4. 对品牌有强信任关系

种子裂变用户是基于对品牌和产品的认可与信任才参与进来的，如果种子裂变用户与品牌方没有建立强信任关系，就很难产生更多的裂变传播。

在进行种子裂变用户的识别过程中，还可以结合前一次裂变活动中的裂变数据，查看哪些用户裂变的人次与层级较多，进行重点跟进和维护。

4.1.2　种子裂变用户的管理

识别并找到种子裂变用户后，如何能让他们给予持续性的支持，是种子裂变用户运营团队所需要考虑的核心问题。

1. 勤沟通，多给予内部信息

多与种子裂变用户沟通，把品牌、产品的内部资料或者即将对外公布的活动信息提前告知他们，会让种子裂变用户产生更多的优越感，使他们更多地参与到品牌建设与活动组织的过程中。

2. 找到种子裂变用户中的关键人物

在任何一个群体中，总会有关键人物出现，找到关键人物，进行重点跟进，多私聊互动，有条件的话多进行线下沟通，建立更深层次的信任关系。

3. 线上、线下活动相结合

种子裂变用户找到之后，需要加强他们与品牌方之间的信任程度，比如对于餐饮品牌，可邀请种子裂变用户到店进行新品试吃和线下交流，这是最好的增强用户信任关系的场景。如果是线上品牌，可以以城市为单位，组建各个城市的线下组织，打通线上与线下的用户关系链条。

4. 给种子裂变用户超值体验

如果想要获得种子裂变用户的认可，最核心的是让他们能够享受到超值的用户体验。用户的体验在于产品或者服务的细节设计，思考用户在接触你的产品或者服务时会有哪些步骤，比如在"三只松鼠"的包裹交付时，会在快递包裹里粘贴一个小的开箱刀，用户打开包裹之后还能发现赠送的多个纸质垃圾袋，这些细节最能够打动用户，会在他们的大脑中植入好感。

4.2 裂变诱饵设计的 4 大要素

选择一个合适的奖品作为活动诱饵，将是整个活动的关键，如果你选择的奖品不够诱人，首批参与活动的种子裂变用户就已经不感兴趣的话，活动注定以失败收场。选择诱饵有以下 4 大基本要素：

1. 用户真正想要的

如何判定选择的诱饵是否是用户真正想要的？其实完全可以从企业的产品中去选择，那些销售得比较好的产品、服务，或经过市场调查后，明确准备作为爆款的相关产品或服务，如母婴产品中附赠的绘本、为校园"粉丝"提供的演唱会门票、餐饮品牌中用到的送霸王餐等福利都在经过实践后得到了用户的数据反馈，属于目标引流用户非常喜欢的产品与服务。

2. 与品牌产品相关

为什么要选择与品牌产品相关的诱饵呢？这是因为你需要裂变的人群都跟你的品牌产品相关，才能够在未来转化成你的终身客户。举个比较夸张的例子，有一个做教育培训的朋友在做用户拉新裂变活动时，使用的诱饵是赠送一箱橘子，活动举办的很火爆，他送出去了几百箱橘子，但用户都是冲着橘子来的，跟教育培训没有任何关系，他只能当作是送福利了。

3. 真实可提供

真实可提供是指活动一定要真实，说要赠送的奖品一定要如实赠送到位。你在做一场品牌裂变活动时，会有大量的活动参与者、用户及竞品在监管你活动的真实性，如果是虚假活动，被人举报后活动被封，不仅会影响品牌形象，还会受到法律的惩罚。在活动设计之初，要预留好相关的预算，控制在预算内，保证每一个福利都能真实有效地赠送出去。

4. 高价值，低价格

这是控制整个活动成本的关键。如果赠送的产品成本过高（特别是实物类产品，还需要算上运费），就可能会大大增加用户参与活动的要求和门槛。一般建议实物类产品成本不超过 15 元，算上运费不超过 20 元。使用任务宝裂变邀请人数可以设置在 10 人以下、4 人以上。当然最好的赠品还是虚拟产品，比如电子书、线上培训课程之类的，没有运输成本，制作成本也低，数量还能够设置成无限多。但是在做线上虚拟产品裂变之前要考虑版权的归属问题，如果不是自己录制的课程或者知识付费产品是不能用来做裂变活动的，一旦被人举报，后果会比较严重，得不偿失。

有一些商家在设计裂变活动诱饵时，重点考虑了诱饵的吸引力，会使用如苹果手机、小米平衡车、电子书阅读器等高价格产品，在设计用户裂变环节中使用抽奖赠送，这很难激发用户的参与意愿，因为价格比较高，用户的中奖率会比较低。相反，如果采用做任务的形式，比如投票、点赞量、助力量，会引发爱占便宜人的作弊行为，很多作弊行为是很难通过技术手段来进行检测的，最终没能引流到相应的精准用户，反倒留存了一大批爱占便宜的人。

给潜在的客户一个相对有吸引力的诱饵，配合触手可及的门槛，会增强用户的裂变传播意愿。

4.3 高转化率的裂变海报

裂变海报是通过海报将活动内容在微信朋友圈、微信群中进行传播的形式，优秀的裂变海报可以低成本或者零成本达到快速引流的目的。在微信生态，诱导链接被严厉打击，裂变海报如果设计得不好，海报不仅传播不出去，还有可能会涉嫌违规诱导，导致海报被封杀，引流服务号被封号。

4.3.1 裂变海报无法裂变的根本原因

1. 设计感不足

海报设计的整体风格会影响用户的转发动力，设计太难看的海报会大大降低用户的转发意愿，而比较美观的海报，用户转发到自己的朋友圈内也不会降低自己的好友对自己的印象。

2. 诱惑力度不够

诱惑力度不足是指海报所列举出来的相关活动福利、优惠、套餐，无法触达用户的核心需求点。比如要想引流同城高端社区的用户，如果使用满100元减5元的诱饵，就没有任何吸引力；如果使用蓝莓1元抢购的诱饵，会大大提高用户的参与度。一个优秀的裂变活动的成功率一大半都取决于活动的福利设置。

3. 主题不够明确

一些裂变海报，用户看了5分钟都不知道海报要说什么，不知道它的主题是什么，也不知道要怎么样才能参与。裂变海报要让用户在看到海报的3秒内，就能够知道这是个什么主题的活动、活动的形式是什么样的、自己要怎么做才可以参加这个活动、参加活动能够得到什么。

4.3.2 裂变海报公式

成功的裂变海报 = 普适性 + 痛点 + 心理 + 名人 + 群体 + 促销

普适性是指降低福利获取的门槛，使得大多数用户都能相对简单地获取到，比如一个教育公众号的裂变海报要求用户消费几千元的课程才可以领取一本试题集，就很难产生裂变，因为设定了过高的门槛，要求消费几千元的用户才可以参加。应降低门槛，先让流量进来，再通过倒金字塔模型，对用户进行分层分级的转化。

痛点，是指抓住潜在用户最关注的核心点，比如线上知识付费平台，通过裂变海报宣扬自己赠送价值上千元的资料，包括内部训练资料、话术、SOP、应用模板，看完就能会，马上就可以用，这就是潜在用户渴望得到的。

心理，是指在海报设计中会涉及的 3 大心理板块，包括用户的恐惧心理、获得心理与求快心理，每一个心理板块，都对应了相应的用户需求。

名人，是指要在海报要素中加入名人推荐。这可以理解为在为这个海报找背书，做背书的可以是人，也可以是组织、证书、奖项等，让用户看到海报之后能够更相信海报内容的价值和真实性。

群体，是指在海报素材的设计中，要加入"已有××人参加""×××都在这儿等你"或者"×××他们都在使用""他们都在推荐"，以激发潜在用户的群体跟随效应。

促销，是指在海报要素中体现出限时限量，任何不做限时限量的活动都是没有价值感的。具体文案就类似于"原价 299 元，限时 0 元抢购"。

4.3.3　裂变海报的底层心理

4.3.3.1　恐惧心理

海报的核心标题，不要写产品卖点或者项目的亮点，而是要通过敲响警钟制造压力，直戳用户的痛点，唤醒他们的危机意识和紧张心理，改变他们的态度或行为，这类海报文案可提出某个具体问题，另外再给出合适的解决方案。

比如：

1）不懂私域流量运营，就像守着金矿在乞讨，一个私域流量运营体系让你学会搭建自己的私域流量池！

"不懂私域流量运营，就像守着金矿在乞讨"刺激用户的心理，让用户感到压力：再不懂私域流量运营就要落后了！"一个私域流量运营体系让你学会搭建自己的私域流量池"给出了一个合适的方法，引发用户的行为。

2）想瘦又怕饿，用了这个方法海吃不怕胖！

通过减肥过程中的怕饿来激发用户的压力，通过一个方法来给用户一个可以海吃而且不胖的愿景，引导用户产生行动。

4.3.3.2　获得心理

用户不关心你的产品能干什么，只关心用你的产品他能得到什么，获得型海报文案可以体现为生理获得、心理获得、财富获得三个方面。生理获得就如采用霸王餐进行裂变海报的传播，用户参与这次活动就可以获得一次吃霸王餐的机会，这种是生理获得。心理获得是指这次吃霸王餐没有花钱，激发了用户的占便宜心理。省钱的同时，还意味着赚到了一个霸王餐，满足了用户的财富获得心理。单场裂变活动满足用户底层心理的侧重点也有所不同，比如一些减肥产品在做裂变时，更多的是为了满足用户的生理获得，通过这个产品可以瘦下来，更健康、更美丽。有一些送书、送资料的裂变海报，更多的是满足用户的心理获得，将送书的裂变海报转发到朋友圈，还满足了自己的虚荣心。分销裂变的海报凸显的是通过分销可以赚取更多的钱，满足的是用户的财富获得心理。

4.3.3.3　求快心理

求快心理的文案模型：花费的时间少/学习量少＋效果呈现。在知识付费裂变海报中，使用最多、效果最好的海报都会利用用户的求快心理。用户渴望通过快速学习达到更好的效果，如学习一门课程，很快就可以赚取百万元。

求快心理标题模板

1）1 小时学会轻松冥想术：冥想 5 分钟等于熟睡 1 小时

2）不去健身房，不请私教，20 天也能练就紧致好身材

3）茶艺入门课，1 小时让你从喝茶到懂茶

4）零基础 21 天瑜伽速成，让你从路人变气质女神

5）3 节手机摄影速成课，普通手机也能拍出单反效果

6）我的口才不太好，口才速成班，7 天成为说话高手

7）零起步美食速成，超级厨娘每天手把手教你 1 道私房菜

8）毕业 3 年，如何从月薪 5 000 元到月薪 5 万元？1 节课带你复制牛人思维，不走弯路

9）我想好好说话，每天 5 分钟，说一口流利普通话

10）3 天玩转 Office，每天早点下班

4.3.4　裂变海报基础模板

我们汇总研究了上千张裂变效果很好的海报样式，归纳出优质裂变海报的一般性模板，包含主标题、次标题、诱饵介绍、权威背书、"限时限量"文字及二维码入口通道，它们的布局如下图所示。

4.3.5 裂变海报设计的工具

介绍几款常用的设计工具，如果运营团队没有专业设计师，可以通过以下几个工具，比较快速地设计出与设计师一样水平的裂变海报。

4.3.5.1 创客贴

创客贴是一款多平台极简图形编辑和平面设计工具，包括创客贴网页版、iPhone 版、iPad 版、桌面版、微信小程序等。从功能使用上分，创客贴有个人版和团队协作版，提供图片素材和设计模板，通过简单的拖曳操作就可以设计出海报、PPT、名片、邀请函等各类设计图。

海报样式比较多，进入创客贴主页后，搜索"裂变海报"就可以找到对应的模板，只需要点击模板相对应的位置，把需要替换掉的内容更改成你的活动内容就可以了，相当方便。弊端在于，无法在线精准抠图，只能替换单一要素。

4.3.5.2　稿定设计

稿定设计是一款多场景商业视觉在线设计平台。它打破了工具和技术限制，根据不同场景的不同尺寸，创建海量优质模板素材，能够满足中小型企业、自媒体、学生、电商运营者、个体经营者的图片及视频模板设计需求。

同时，稿定设计以"场景＋工具"的模式推出了抠图神器——稿定抠图，这是一款在线人工智能抠图工具，为不会使用 PhotoShop 又迫切需要抠图的人群提供操作简单、功能强大的在线服务，抠图从此变得简单高效。

稿定设计的素材图库要比创客贴的素材内容更多一些，可选择性较多，二者都属于付费工具。

4.3.5.3　微商水印相机

微商水印相机最早是大的微商团队在使用，主要用来管理团队内部的素材互通，比如需要转发到朋友圈的素材，可以通过微商水印相机同步给下级的代理商，代理商可以通过微商水印相机一键转发到自己的朋友圈中。现在，它已不仅仅是一个微商团队使用的素材管理工具，还是一站式做图、做视频、转发素材的工具，主要功能包括批量添加图片水印，圈框凸显，加文字，打马赛克，寻找海报和视频模板，视频加字幕，视频变速，视频剪裁，视频轮播，视频倒序，视频拼接，图片视频混拼等。

主要功能介绍：

1）批量添加水印：可以选择多张图片同时加水印，最多一次加 100 张。

2）系统水印模板：可以随意修改水印内容，包括头像、微信、QQ、微博、电话、地址等。

3）上传自定义水印图标：上传图标作为水印。

4）缩放、移动位置、旋转、修改透明度、字体颜色等。

5）马赛克：给图片添加马赛克。

6）画笔：在图片上涂鸦。

7）单张、批量控制：可以自己控制针对所有图片操作还是对单张操作。

8）保存到独立相册：批量处理的图片会被保存到微商水印相机的独立相册。

9）海报模板：在线制作海报。

10）动效视频：通过炫酷视频模板自己轻松制作视频。

11）视频加水印。

12）视频和图片混合拼图：支持横拼、竖拼。

13）竖拼一站式处理：包括视频轮播、变速、视频马赛克、视频加封面、视频倒序、视频旋转、视频去水印、视频提取音乐、图片加视频、视频加视频、视频转场、视频加音乐录音、视频拼接、分身视频、视频剪裁等。

4.3.5.4　二维码活码宝

当今，二维码已经成为我们生活中的一部分，在各种活动推广中，我们都会用到二维码，尤其是微信群二维码。在活动推广时，由于各种原因需要重新更换二维码也是比较常见的。但是传统的二维码一旦活动宣传出去，再修改就很麻烦。尤其是微信群二维码，更是有两个致命伤：一是满100 人后就不能通过扫描二维码进入群，二是二维码有效期只有 7 天。通过活码的形式，就可以解决以上问题。

二维码活码是指对外提供一个固定不变的入口二维码，用户扫描后显示的是创建者在后台上传的微信群二维码或者微信个人号二维码。创建者可以在后台上传多张二维码图片，并且可以根据扫码人数随时调整二维码的顺序，适用于微信群推广、裂变海报、宣传物料打印、个人微信号引流、多渠道营销等多种场景。

二维码活码宝已上线功能：

1）支持微信群二维码和自定义二维码。

2）支持上传多张二维码。

3）一张二维码达到扫码上限后自动切换到下一张。

4）支持上传备用图片，备用图片是扫码到达上线后展示给用户的图片。

5）支持数据统计，可以清楚地知道每天二维码的扫描次数等。

对于需要长期使用的二维码需要绑定域名。

4.4　免费裂变转化模式与路径设计

4.4.1　任务宝公众号裂变增粉

1. 增粉裂变路径

活动发布方通过渠道（公众号、微信群、朋友圈）触达潜在用户 A，用户 A 通过扫描海报二维码，关注对应增粉的公众号，公众号向用户 A 自动推送相应任务，引导用户 A 将裂变海报转发到朋友圈或者微信群，邀请好友来给用户 A 助力。当用户 A 邀请用户 B 为其助力时，用户 A 获得了一次助力值，而用户 B 关注公众号之后又收到了公众号给他推送的裂变任务，生成他专属的裂变海报，引导其转发并获取用户 C 的助力，如此做裂变循环，如下图所示。

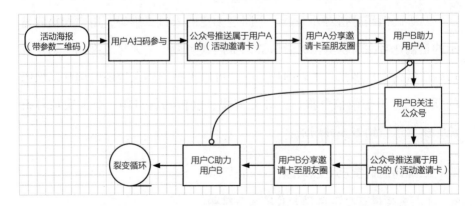

2. 裂变注意事项

自 2015 年开始就有品牌在做针对服务号、订阅号的任务宝裂变增粉，现在这依然是一个有效的基于公众号的裂变增粉方案。

裂变时服务号或者订阅号的不同选择，使用户裂变的阻力也不同。任务裂变是基于微信公众平台开放的渠道参数二维码来进行识别的，也就是每一个关注服务号的用户都可以获取一个专属的传播二维码，而如果是使用订阅号来完成裂变，会增加一个"回复关键字"的步骤，也就是用户需要回复关键字才可以在订阅号内获取对应的带参数的二维码。

微信公众号生态是不鼓励使用任务宝来进行用户裂变涨粉的，对于新注册的微信公众号，每天的涨粉量要控制在 5 000 个以下，如果是运营时间较长，经常做涨粉活动的公众号，可以将裂变阈值设置在每天 2 万个以内，超过这个单日增粉量，容易触发微信公众平台的预警机制，严重的话会被封号。

在进行裂变任务时，可以设置多阶任务，但一阶任务参与的门槛要控制在 9 个以内，而且任务量是奇数个，因为在用户的意识里，奇数的任务更容易完成。在设置多阶任务时，目前主流的任务宝系统可以最多设置三阶任务，在使用三阶任务的基础上，还可以加上排行榜，激励有裂变能力的用户不断拉新裂变，可以设置邀请排名前三名或者前十名的用户获取三阶任务之外的奖励，完成邀请 30 人、50 人、100 人以上的用户，再给予不同的任务奖励，可以有效激发用户的裂变度。

3. 裂变使用工具

（1）任务宝工具

常用的任务宝工具有小裂变、乙店、媒想到、星耀科技、爆汁裂变、推精灵，不同品牌的任务宝裂变工具功能类似，价格相差不大，可以通过官网对比了解自己所需要的功能。相对于其他任务宝工具，推精灵的性价比较高，包含任务宝、分销、活码、AI 推送在内的 4 大功能板块，一年服务费用不到 1 000 元，其他品牌年服务费用在 3 000～4 000 元，功能略有差别。

（2）海报设计工具

可以使用创客贴进行裂变海报的在线设计，具体的海报设计工具在 4.3.5 小节已经介绍过。

（3）文章链接工具

文章链接工具主要是在公众号自动回复中添加蓝色超链接文字时使用的，可以使用"写得""石墨文档"来编辑内容，之后插入到公众号的自动回复内容中。

4.4.2 微信群任务裂变增粉

4.4.2.1 转发截图任务

1. 裂变流程设计

用户看到裂变海报扫码进群，后台的机器人提醒新进群的用户分享文案和海报到朋友圈，群满 100 人后自动切换到下一个群，每一个用户扫码后都进入群里面，如此反复，如下图所示。

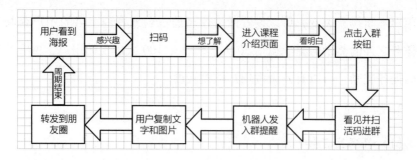

2. 裂变注意事项

裂变环节需注意群内自动回复信息的机器人的文案话术及回复频次，要让用户感到诱饵福利的价值，引导用户参加裂变传播。

需要对群内的裂变参与氛围进行管控，可以使用马甲在群内烘托氛围，对于不参加活动还发广告的微信群友可以直接将其踢出群。

3. 裂变使用工具

(1) 活码工具

当微信群满 100 人后，二维码活码宝可以在系统后台直接更换微信群。

(2) 机器人管理工具

WeTool 的机器人功能及欢迎新人功能，可以自定义在社群内发送话术的频次，并在群内自动下发群裂变的任务，如果需要将微信群内的群友添加到微信个人号，还会使用 WeTool 的自动通过好友与好友应答功能，用户添加微信个人号可以由系统自动通过，并且可以回复设置好的内容。

在进行群裂变任务时，使用活码与 WeTool 可以搭建一个比较简单的裂变流程，两个工具的免费版都可以满足需求。如果裂变的微信群数量比较多，需要更加自动化的操作，可以使用付费群裂变工具，比如"爆汁裂变""进群宝"等工具。

4.4.2.2　邀请进群任务

邀请进群奖励任务是引导已进群用户邀请更多好友进群，第一种群邀请任务可以使用 WeTool 的数据统计功能，来统计好友邀请进群的人数，用户可以在群内直接查询已邀请了多少人，以及排名多少。第二种群邀请任务可以使用 WeTool 的群积分功能，邀请进群可以获得相应的积分激励，每个月度积分排前十名的用户可以领取相应的奖品。第三种群邀请任务可以使用满多少人发红包的形式，比如满 200 人、满 300 人在群内各发多少红包，刺激用户邀请好友进群。

无论是使用哪一种邀请好友进群的群任务形式，都需要在新的群友进群后第一时间告知对方这个群是做什么的，群的定位与价值在哪儿，尽量筛选出精准的潜在用户群。

4.4.3 公众号+社群双载体裂变增粉

1. 裂变流程设计

公众号+社群双载体裂变可以有效降低用户的流失率，让用户留存在多个载体上，这套裂变流程包含两条主线：服务号裂变引流与社群任务引流。

在用户裂变的过程中并没有使用任务宝工具来进行引导，而是使用关注公众号自动回复的形式，技术操作门槛比较低，不需要对接第三方插件。

用户 A 通过扫描活动主题的裂变海报直接关注指定的微信公众号，在关注公众号之后会自动弹出引流到微信群的话术和对应的微信群二维码，用户根据引导进入微信群，在微信群内机器人自动@用户 A 需要将裂变海报转发到朋友圈才可以享受到福利。用户 B 扫码用户 A 转发的海报，再次进入上述循环（见下图），以此类推，进行公众号与社群的双载体裂变。

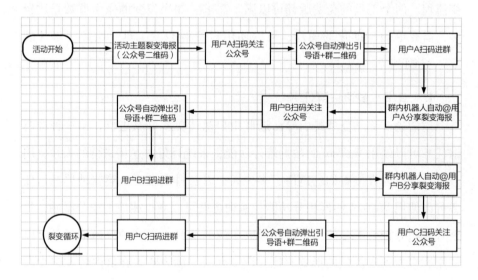

2. 裂变注意事项

这个裂变循环的缺点在于无法监测用户邀请好友关注的量，无法找到活动传播的节点，能用于做活动复盘数据分析的数据比较少。

优点在于活动的可操作性强、成本低，不需要对接技术方。

在整个裂变过程中需要做好公众号引导话术与微信群内引导话术的衔接。

3. 裂变使用工具

在这个裂变循环中，使用到的是裂变海报设计工具、活码工具及 WeTool 的机器人与群管理工具。

4.5　高精准的付费、分销用户裂变模式

免费裂变、任务宝、海报裂变、群裂变等形式是在透支用户微信生态的关系链，在关系链不强的情况下，再加入利益链，就有了分销裂变的形式，通过利益链的驱动，用户的裂变层级能够更多，同时通过分销裂变过来的用户都是付费用户，相较于免费用户来说更加精准，后期产品的转化效果也会更好。

4.5.1　分销机制与用户激励

1. 分销形式

分销形式是多种多样的。常见的分销形式有一级分佣、高返分销及全返分销。

一级分佣

一级分佣二级分销，是最常用的分销形式。用户 A 开通分销权限后分享给用户 B，用户 B 购买产品或服务后用户 A 获得相应的分销佣金，用户 B 再分享给用户 C 购买，用户 B 获得分销佣金，而用户 A 不再获得相应的佣金。某本地生活优惠券分发平台对于普通分销员就采用一级分佣机制。

高返分销

高返分销，是将产品的大部分利润返佣给分销者，一般一级分销不低

于50%返佣，二级分销不低于20%返佣，用户得到强刺激。

全返分销

全返分销的核心是钱给你，用户给我，裂变增长实验室创始人王六六在进行引流产品分销设计时，就采用了这个策略，用户分销的利润全部返给分销员，核心的目的是让分销员赚到钱，同时引流来高质量的付费用户。

2. 分销裂变注意事项

能够在微信朋友圈得到快速裂变的支付金额在20~30元，在这个金额区间用户的思考决策周期较短。

注意，在微信生态内是不鼓励进行二级分销的，有的品牌在进行分销裂变时还会使用三级及以上的分销等级，这会涉及传销的风险。

3. 分销使用的工具

常用的分销工具有官推、推精灵、有赞、小鹅通。官推和推精灵可以设置组队PK分销，用户分销路径体验比较好。有赞商城也支持二级分销的权限，一般用在商城的体系内，如果要使用有赞的分销插件，需要配置一套有赞商城。小鹅通作为知识付费商铺的工具，对于虚拟产品、知识付费方向的产品的分销用户体验不错。可以根据自己的产品类型与预算来选择相应的工具。

4.5.2　组队 PK 分销激励

组队PK分销相较于单向分销激励更能促进参与分销的成员产生分销动力，组队PK的关键点在于队长招募、队员招募、流程话术设计、激励机制设计。

我们与启盘商学院创始人千道联合写的一本内部资料《操盘手行业蓝皮书》（以下简称蓝皮书）就是通过组队PK的形式来进行分销的，流程如下图所示。

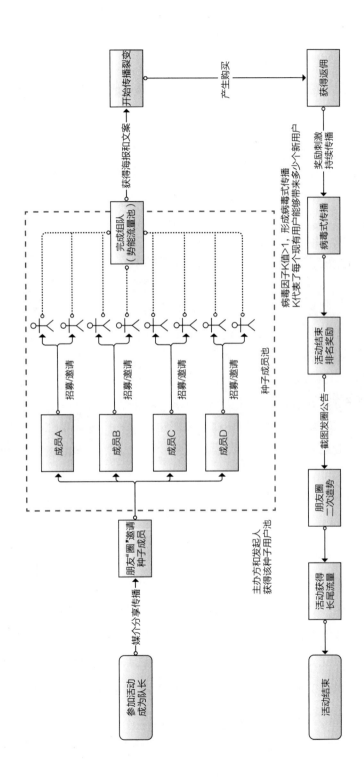

1. 活动介绍与海报

启盘商学院在"双十一"前推出"操盘手成长锦囊",锦囊的核心产品是蓝皮书,蓝皮书由5位细分行业头部操盘手联合创作,涵盖了四大行业的落地方案。本次活动采用联合推广、组队销售,队长高佣、二级收益,最高可获得价值11 111元的定制方案加2 000元额外奖金。

2. 分销比赛奖励规则

个人奖励

所有报名参加分销组队的朋友(包括队员和队长),都可以享受直推分销佣金30%,间推佣金10%,也就是说,你每推广一个人购买,每单即可收到佣金29.7元,你推广的用户每推广一单,你还能赚收益9.9元!佣金将会立即实时到账微信钱包,多邀多得!用户扫谁的二维码购买,就是谁的收益。只有报名分销组队的朋友,方可享有直推30%和间推10%的分销佣金,普通用户只能享受20%的直推分销佣金。

每卖出 10 单以上，还有以下额外奖励：

卖出 10～19 单，额外奖励 98 元。

卖出 20～29 单，额外奖励 198 元。

卖出 30～39 单，额外奖励 298 元。

卖出 40～49 单，额外奖励 398 元。

卖出 50 单以上，额外奖励 498 元。

分销排名榜第 1 名，额外获赠价值 11 111 元的定制商业模式或营销方案一套。

分销排行榜第 2～3 名，额外获赠价值 5 980 元的操盘手线下课名额一个。

组队奖励

组建团队分销，排名前 3 还可获得额外的团队奖金，奖金无上限，请看下方队长额外奖励说明——队长必须要有把握拉够 10 人团队，未满 10 人将会被淘汰。

- 团队销量第 1 名：团队 2 000 元奖励金（团队销量不低于 200 单）。
- 团队销量第 2 名：团队 1 500 元奖励金（团队销量不低于 150 单）。
- 团队销量第 3 名：团队 1 000 元奖励金（团队销量不低于 100 单）。
- 团队销量第 4～10 名：团队 500 元奖励金（团队销量不低于 60 单）。

情况说明

1）队长额外奖励，团队销量超过 60 单的，每增加一单，队长可额外获得 10 元的奖励。假如你的团队有 20 个人，分销了 300 个订单，排在第 1 名，则你们团队可获得 2 000 元奖励金，队长还额外获得（300－60）×10 ＝2 400 元的奖金。

2) 排名第 1，但不符合单量要求的情况说明。假如你的团队有 10 个人，分销了 100 个订单，虽排在第 1 名，但你们团队获得 1 000 元奖励金（因不满足第 1 名 200 单和第 2 名 150 单的条件，所以拿到第 3 名的奖金）。

3) 出现意外，活动提前结束的情况说明。总排名以团队分销有效订单量为准，如遇不可抗力因素（页面被封等），则活动提前结束，以结束时间的数据为准，将为达到条件的团队发放奖金。

4) 团队的销量和队长的额外奖励，只计算一级分销的订单数量，二级分销的订单数量不计在内（间推可享受二级分销收益）。

荣誉海报

为个人分销前三名、团队分销前三名发放荣誉海报，上面放你的头像，并在导师朋友圈进行宣传，为你赋能。

奖励发放

比赛数据以 10 月 21 日 20:00 至 10 月 25 日 24:00 为准。

奖金将在 10 月 28 日 18:00 前陆续发放至队长，队长可根据队员分销的订单数，按比例进行奖金分配。

4.6 任务宝服务号 2 天裂变"2 万 +"精准宝妈粉案例拆解

4.6.1 活动名称：免费赠书活动精准引流

用户通过转发海报到朋友圈、微信群并邀请 21 个人参加助力活动就可以领取到一套书，如下图所示。

4.6.2　活动前期的预热与测试

在活动正式开始之前一定要在群里和朋友圈提前预热，不断地触达更多用户。活动开始倒计时 6 小时、3 小时、1 小时都要发送社群公告，让更多的家长知道：

活动开始当天 12:30 左右发送公告：大家好，我们最新一期的免费赠书活动将于今天 18:00 正式开始，开始后我们会第一时间把相关内容发在群里！敬请期待！

活动开始当天 15:00（17:00）左右发送公告：大家好，我们最新一期的免费赠书活动 3 小时（1 小时）后将正式开始，开始后我们会第一时间把相关内容发在群里！敬请期待！

在进行活动推广时，可以根据现有用户资源量及预算，来决定是否投放相应的"粉丝"渠道，要充分利用好现有微信个人号、微信群资源。

在活动测试阶段，一方面是要测试整体流程，另一方面是要测试用户的参与程度，可以选择在其中一个社群内进行裂变测试，让部分家长提出意见和建议，不断完善后再进行推广。

4.6.3　服务号后台设置及话术

1. 关注后回复话术

你好！

欢迎你来免费领取×××哦！

领取方式：

1）转发下方海报到朋友圈和微信群

2）只要21位家长扫码关注公众号，即可领取！

2. 任务进行中回复话术

你的好友×××已帮你扫码！

你已获得×个好友的支持！

仅差×个好友支持，即可领取奖品。

3. 任务完成后回复话术

你好！你的好友（昵称）支持你了！

你已获得（已完成任务量）个好友的支持！

恭喜你完成任务！

进审核群，领取礼品。

4. 公众号加速完成话术

要利用好"消息宝"，用户关注后15分钟发送：

恭喜你成为幸运用户！免费送您×本书！

《×××》系列丛书免费包邮到家！

☑教育部必读书目

☑销量高达××万本

☑亿中小学生的选择

不但能激发孩子的阅读兴趣，还能培养孩子的表达能力/提升情商……

点击图片即可领取。

5. 公众号加速转化话术

主要利用消息宝进行定时推送。

1）关注后 3 分钟发送：

欢迎参加《×××》免费领取活动。

九月开学季，送孩子几节免费哈佛外教课程，让孩子连续 5 天和外教视频交流，快速提升英文水平！

点击链接领取。

2）关注后 1 小时发送：

检测到你还没有报名我们的免费哈佛外教课程，让孩子连续 5 天和外教视频交流，快速提升英文水平！仅限开课前领取！

点击链接领取。

3）关注后 2 小时发送：

@（昵称），你有一份礼物待领取。

恭喜你成为我们的幸运用户，免费送你一份精品好课。5 节免费哈佛外教直播课，让你的孩子迅速提升英文水平！

点击链接领取。

4）关注后 24 小时发送：

（昵称），恭喜你被抽中了！

获得哈佛外教直播课免费听特权！特权只有 20 个，未领取的会自动转送给其他家长！

如果你想让孩子和外教视频交流，快速提升英文水平，一定不要错过！

点击链接领取。

4.6.4　社群后台设置及话术

1. 第一次进入社群回复话术

欢迎参加×××活动

快速完成任务技巧

1）把海报分享到朋友圈/班级群/学习群。

2）把海报发给多个微信好友，帮忙助力。

任务完成后，将朋友圈截图和转发微信群截图发到本群，审核成功后填写收货地址。

2. 审核话术

恭喜你完成任务，朋友圈必须保留24小时哦！

完成任务后，请点击（链接）免费领取5天哈佛外教课程。

领取完成后，请点击链接填写收货信息。

××日发货后会在群里统一公布快递单号。

3. 加速完成任务话术

活动第一天晚上23:00**话术：**

感谢大家的参与，老师们要休息了，明天上午9:00继续进行审核，大家晚安，感谢大家的支持。

活动第二天上午9:00**话术：**

咱们本次活动赠送的是《×××》系列丛书，共×本，《×××》系列丛书——2亿中小学生的选择。

☑ 教育部必读书目

☑ 销量高达××万本

0元包邮送，名额有限，还没完成任务的朋友抓紧时间，不要错失机会哦！

活动第二天中午 12：00 话术：

@（参与活动未完成的群成员），奖品数量仅剩××份，还没有完成任务的家长，请抓紧时间！

（产品图，将整体图、细节图拼到一起）

（活动每天中午 12：30 左右及晚上 21：30 左右发布，以增加信任感）

（往期截图并配文：）这是我们往期举办的活动，大家都收到货了，活动真实有效！本次活动截止至××日，××日开始发货，还没完成的家长抓紧啦！

活动第二天傍晚 18：00 话术：

恭喜以上家长完成任务，咱们××日开始陆续发货！还没有完成任务的家长，抓紧了，礼包仅剩××份，领完为止哦！

本期完成名单：

××××

活动第三天中午 12：00 话术：

@所有人，活动还剩最后 10 小时！没有完成的家长，请抓紧时间参与领取！礼包仅剩××份，领完为止！

活动第三天下午 16：00 话术：

活动倒计时 6 小时！结束后再无补货！免费为孩子领取全套×××，抓紧分享海报，让好友帮你扫码完成任务！

4. 促进转化注册话术

审核任务完成后注册话术：

恭喜你完成任务，朋友圈必须保留 24 小时哦！

完成任务后，请点击（链接）免费领取 5 天哈佛外教课程领取完成后，请点击下面链接填写收货信息：

（链接）

××日发货后会在群里统一公布快递单号

活动两天期间每晚抢课话术：

18:00话术：很多家长反馈说，哈佛外教课程太好了，快速提升了孩子的英文水平！所以帮大家额外申请了10个免费名额。

今晚20:00，我会在群里发免费链接，大家提前准备抢占名额哦！

20:00话术：大家好！免费5天哈佛外教课程，已经开抢！

今晚仅限10个名额，大家抓紧点击下方链接，为孩子抢课！

20:20话术：没抢到的家长也不要灰心，明晚20:00，我还会准时为大家发放抢课名额，记得准时参加哦！

群满话术：

赠送给孩子的5天哈佛外教课程太受欢迎啦，很多刚进群的家长没有领到我们的福利！

老师又特地帮本群家长申请了5个免费名额。

点击下方链接即可领取：

（链接）

让孩子连续5天和外教视频交流，快速提升英文水平！

4.6.5 案例总结

在进行实体书籍裂变的活动中要与礼品采购渠道提前沟通好价格与发货的问题，用户助力的任务不宜门槛过高，以免提高用户的参与难度，同时在进行裂变海报设计时，要设计得美观大方。

这类送书的话术与流程也适用于其他赠送实体产品的裂变路径，可通过任务宝、社群进行快速涨粉裂变。

第 5 章

成交变现

任何不以成交变现为目的的流量运营，都是在浪费时间

用户变现是可控的流程，而不是一种概率事件。很多品牌方在做用户运营的过程中，最难把控的就是用户的变现成交环节，通过引流或者裂变将用户引流到流量池，却不知道应该如何设计用户的成交路径。只有对用户成交转化的每一个关键节点进行精细化管理，才能够在各个环节把控用户的转化率，从而有针对性地提升用户的变现能力。

5.1 用户购买的底层逻辑

在与用户交易之前，要想清楚，用户为什么要在你这儿成交，用户成交的动因是什么？抓住用户购买的底层逻辑，可以更有针对性地激发用户的成交意愿。

5.1.1 用户为什么购买

通过用户行为数据与访谈分析，可以将用户为什么购买的底层逻辑概括为三点：需要、影响与相信。

1. 需要

是为了解决某个问题而购买。需要是用户产生的需求，就像饿了要吃饭、换季节要换衣服、护肤要使用护肤品一样。有了需要用户才会启动购买决策。

2. 影响

被环境影响而产生购买，比如受到周围的人、品牌、评价等环境因素的影响而产生的用户购买行为。

3. 相信

信任决定了与谁产生购买关系，当你购买了朋友们有口皆碑的护肤品之后，发现确实很不错，那么就会基于信任，产生更多的复购。在由熟人与半熟人构成的社交新零售的场景里，绝大多数成交都是基于信任，而且是对某个人的信任。

5.1.2 你卖的是什么

你卖的产品是什么，决定了用户为之付费的理由。卖什么产品可以概括为三类：解决方案、未来憧憬和个人品牌。

1. 解决方案

服装品牌卖的是穿搭解决方案，减肥产品卖的是有营养又健康的身体管理方案，护肤产品卖的是保养皮肤的解决方案。你的产品、你的服务都是用来解决用户某一个或者某一类问题的解决方案。给用户介绍你所提供的产品或者服务的质量与价格，这个过程是在兜售你的解决方案。

2. 未来憧憬

减肥产品的核心价值是用户对于减肥成功后的美好憧憬，品牌方不断给用户灌输减肥成功后的各种"逆袭"故事，让用户沉浸在对产品使用之后成效的美好想象中，从而激发用户的购买欲。基于你的产品所能解决的问题，向用户描绘出未来美好的场景，这个过程是在给用户兜售未来憧憬的过程。

3. 个人品牌

笔者身边有很多做减肥产品的微商，其中卖得最好的是那些一开始很胖，通过使用他所代理的产品逐渐瘦下来的人。以亲身经历做产品效果代言，可以快速得到用户的认可，这个过程就是在卖自己的个人品牌的过程。

5.1.3 给用户创造购买理由

1. 放大痛点

这种是强调"再不做出改变，你就要变成什么样"。比如"再不护肤就变老了""再不减肥就没有衣服穿了""再不学习就落后了"……放大痛点，制造焦虑，刺激用户做出购买决策。

2. 唤醒情绪

"目前的现状会让你变得如何"。健身房、运动软件主打的宣传策略就是"现在的你缺少运动，没有一个健康的身体，没有一个好的身材，各种机会都会远离你，赶快来参加健身活动，让自己变得自律，变得健康，变得更好"。

3. 马上行动

当用户对产品有了了解，有意向成交时，要给用户一个马上行动的理由，比如限时促销、买赠活动、效果保证等策略，给用户临门一脚。

5.2 朋友圈剧本化发售文案

5.2.1 什么是剧本化发售文案

朋友圈文案可分为人设文案、卖货文案、产品文案三大类型，第一种人设文案主要是通过塑造朋友圈文案内容让朋友圈的好友对你产生足够的信任，日常的生活、思考、用户见证等都属于人设文案类型。第二种卖货文案又可以分为日常卖货文案和发售文案，日常卖货文案属于发售文案的延伸，比如通过发售文案将某款减肥产品推荐给朋友圈内的朋友，用日常卖货文案展示这款减肥产品的功效及购买入口。第三种文案是产品文案，属于单纯的产品功能、卖点、价值的介绍文案，是微信好友通过你的朋友圈了解产品的主要途径。

其中，最有价值、能量最大的是发售文案，发售文案又有浪潮式文案、剧本化文案、6＋1 朋友圈剧本化文案等多种称呼。有个团队采用这套朋友圈发售系统，仅用了 7 条朋友圈，就收款 100 万元。还有团队在一场裂变增粉活动启动时，使用这套朋友圈发售文案系统，仅用了 6 条朋友圈就使种子裂变用户带来 2 000 多个精准客户，如果你也能掌握这套系统，将对你的产品发售产生巨大的帮助。

发售文案不像日常卖货文案，不是直接在朋友圈内售卖产品、做用户成交，而是通过文案在朋友圈内制造好奇，引发好友的兴趣，使感兴趣的好友点赞互动或者留言，再持续不断地对所要发售的产品进行价值塑造，让朋友圈好友了解到产品的价值。在正式发售前，要进行产品的稀缺性打造，限时限量。在正式开始发售前几个小时，在朋友圈内进行预告，这个时候用户已经迫不及待了。当你在朋友圈推出产品时，会引发用户的积极响应，同时在朋友圈同步更新产品的发售进度，产品的剩余量、剩余时间、参与量等，让还在犹豫不决的用户看到有这么多的人都在参加，也会激发这部分人的购买欲望。一个完整的发售文案，要有始有终，除了要开始的公告，还要有活动结束的公告，为下次发售做铺垫。

5.2.2　剧本化文案的框架

剧本化朋友圈文案不是一条文案，而是由一系列文案组成的，这套发售文案系统包含提炼价值、引发好奇、价值塑造、指令行动、稀缺限量、马上开始、氛围营造、发售结束、分析复盘共 9 个步骤。初学者一般会采用"6＋1"的形式来进行练习，即 1 条引发好奇的预热朋友圈、2 条有关价值塑造的朋友圈、2 条有关开售消息的朋友圈、1 条发售结束公告的朋友圈和 1 条私信文案。发售策略可以灵活使用，并不一定都要求 6 条朋友圈文案和 1 条私信文案，也可以将引发好奇、价值塑造等归于 1 条或者 2 条朋友圈文案，将"6＋1"的文案内容缩减在 3 条文案之内。如果发售的周期较长，也可以在产品预热、价值塑造阶段增加内容，最高限制在 15 条朋友圈以内，如果内容太多，会导致用户的反感。

我们接下来拆解剧本化文案的 9 步框架。

1. 提炼价值

在做产品发售文案时，第一步要做的是进行产品的价值提炼，找到目标客户对于产品的价值感知。比如做鲜花团购，9.9 元团购一束 10 支的玫瑰花，这个产品的价值点在于：①价格优势，相较于鲜花店，具有绝对的价格优势；②新鲜直采，包邮到家，不仅价格低，还可以直接包邮到家，方便；③鲜花是美好生活的象征，是生活品位的象征。

价值点是产品本身相对于其他同类型产品的优势点，再如我们之前给一个教育机构发售押题试卷，押题试卷的价值点在于：①将押题试卷与孩子的学习成长绑定；②有押中题的经历，更懂得本地中学考试的出题规律。这两个核心价值点决定了发售时家长对于押题试卷的期待值。

如果发售的产品是一个餐饮套餐，价值点在于：①价格优惠，相较于平时及同类型套餐价格确实有优惠；②产品安全，货真价实，比如牛肉、羊肉的生产及进货渠道，保证了产品的质量；③用户好评率，套餐内产品包含用户好评率极高的菜品。这三个价值点是通用的餐饮产品发售的产品价值提炼点，当然如果套餐菜品比较新颖，还具有新鲜感这一价值点。

当针对一个产品抽取出你认为的价值点之后，要进行价值点的用户调研测试，最好是能够一对一与 10 名以上种子裂变用户进行沟通，听取他们的意见，再进行梳理。

2. 引发好奇

当明确了要发售的产品的价值点后，不可以直接通过朋友圈发售。在传统的发售卖货的环节，卖方确定好产品与价值点之后，就直接推出产品及售价，但用户很难感知到产品的价值。

第二步要做的是引发用户的好奇心。比如在进行鲜花团购时，会在朋友圈内发一张一束玫瑰花的图片，让大家猜价格，猜对的送一束玫瑰化。会有很多人猜 59 元、69 元、89 元等价格，当你最后在朋友圈公布这个产品只需要 9.9 元时，就会让朋友圈的好友产生更大的好奇：怎么能这么便宜?

做知识付费产品发售时，把相应的课程体系与课程效果反馈作为引发用户好奇的点，吸引用户对课程的发售时间、价格等的关注。

也可以在朋友圈发布：近期将推出某某超值活动，点赞这条朋友圈提前得到通知。让用户对你将要发售的东西产生好奇心是抓住用户发售心理的第二步。

3. 价值塑造

价值是需要塑造的，很多不错的产品，就是因为缺少这一个环节，导致用户无法感知产品的价值而放弃了成交。价值塑造有以下几个方法：用户见证、价值对比、成交记录。用户见证是指可以通过用户的第三方视角来评价这个产品的价值属性，比如用户在大众点评或者美团上面的好评，在淘宝、京东等电商平台的好评，或者用户在朋友圈发布的好评内容，以及用户与品牌方私信对话讲到的产品好评，都可以作为价值塑造的用户见证的素材。

价值对比是找到市场上已有的同类型产品，对比质量、价格、服务，指出自家产品质量比同类型产品好、价格比同类型产品低、服务比同类型产品好，让用户来判定你的产品是不是有价值。

成交记录是展示产品已经成交的金额、数量，来凸显已经有大量用户买单，比如用户的转账记录、购买截图等内容素材，都可以作为价值塑造中的成交记录素材。

价值塑造是发售成功与否的核心，在整个发售文案的内容中，价值塑造的占比不低于50%，如果使用6条朋友圈加1条私信来进行发售的话，其中应有不少于3条的内容进行产品的价值塑造。

4. 指令行动

指令行动是在整个发售过程中的用户行为引导，比如引导大家猜价格、感兴趣点赞、点赞抢占名额，都属于指导用户产生行动。引导用户产生行动的门槛不宜过高，点赞、评论是最有效的指令行动。

指令行动并不一定只是1条独立的朋友圈消息或者私聊文案，还可以是评论区文案，可以存在于整个发售过程中的各个环节。

5. 稀缺限量

任何发售行为，没有限时限量就会让发售效果大打折扣。笔者经过对数十个发售活动的对比，发现有做限时限量的发售相比没有做限时限量的发售，产品发售额大概为1.2~2.5倍。

对于稀缺限量品，一方面可以在进行预热发售时采用点赞预约的形式，在正式开始发售时，告知参与的成员，已经预约了很多要参与活动的用户，如果加入慢了，可能就无法参加。另一方面，可以通过时间截止倒计时或者发售数量倒计时的形式来不断刺激用户，比如制作倒计时10、9、8……这样的海报，以天为单位，在结束日当天，再以小时为单位进行倒计时海报的刺激。

6. 马上开始

马上开始是对活动发售的最后一个预告，比如在朋友圈发布一条内容，将在当天晚上 20:00 进行发售活动，然后把这条提醒开始时间的朋友圈消息同步到之前预热的朋友圈的评论区，来提醒用户活动马上就要开始了，让他们做好准备。

7. 氛围营造

氛围营造是通过朋友圈不断展示成单、转账记录，以及用户好评，来营造这样一种氛围：用户对于产品都很认可，购买的用户很多，以此刺激还在围观的用户，影响他的消费决策。

8. 发售结束

发售有开始就要有结束，当用户看到活动以超额的成交量与超乎想象的参与人数结束时，会对你下次进行产品发售产生积极的影响，用户会对你更加信任，对你的产品会有更多的好感。发售结束时，一般可以制作一张发售结束的海报来公布本次发售活动的"战绩"。

9. 分析复盘

活动结束之后的分析复盘是必不可少的，这主要是用来分析整体发售的参与人数、成交人数、成交金额、活动浏览量、朋友圈点赞互动量等数据，分析具体执行的环节有哪些可以改善的地方。复盘需要记录下这次活动完整的流程，具体到哪一个时间点发布了什么内容的朋友圈文案，用户的点赞量及评论内容是什么，以及在与用户进行私聊沟通时，用户有哪些反馈。

5.2.3 赠送押题试卷裂变剧本化文案

每年在临近考试的时候，很多教育机构都会通过赠送考试押题试卷的方式来吸引学生家长到校区来领取试卷，在家长领取试卷的过程中会向其推荐考试的押题班等辅导课程。我们来拆解分析单场活动的剧本化发售，展现这种发售形式的结构与策略。

这个案例是淄博市一家教育培训机构做的，它主要做 K12 辅导课，已在淄博当地做了 3 年时间，有两家实体门店，在当地有一定的用户和口碑的积累。5 月是中考、小升初考试押题班招生的时间点，该教育培训机构希望通过活动把对这块业务有需求的家长引流到店内进行转化。5 月 4 日笔者开始与之对接，确定活动形式和活动方案，从发朋友圈到裂变，用时 7 天。

5.2.3.1　本次活动的成果

本次活动启动两个老师的微信个人号，好友共有 4 950 人，早期通过预热点赞互动的种子用户数是 150 人，裂变参与扫码总人数是 797 人，精准引流中考、小升初考试的学生家长到个人号 523 人，其中到店领取试卷人数为 212 人，店内直接转化营业额 23 980 元。往年赠送试题的活动，只有 30 人参加，20 多人到门店来领取试卷，今年活动效果是往年的 10 倍。

5.2.3.2　前期准备

门店引流最终要在个人号上面进行转化，在转化前，需要对个人号进行精准定位和价值塑造，该机构老师的微信个人号有 4 950 个好友，经过 WeTool 检测有 10% 的"粉丝"是"僵尸粉"，之所以出现这么多"僵尸粉"说明好友的需求与个人号所能提供的价值是不匹配的。

调整的内容包含：

门店个人号三件套：①用创始人个人头像；②昵称用真实姓名 + 门店；③个性签名凸显标签。

门店个人号的标签定位：主标签是 K12 提分专家；辅助标签是创业者、教育者、正能量。

朋友圈内容规划：门店价值输出占 40%（朋友圈的 40% 内容是与教育

相关的价值输出，如怎么教育孩子、孩子怎么学习更有效率等）、产品火爆程度占 15%（门店到店人数、客户反馈）、个人生活占 20%（自己的生活日常，生活化）、个人创业感悟与个人思想输出占 25%（比如深夜了还在思考门店业务的发展，创业的不容易，对用户的真诚付出）。

在对老师的微信个人号进行内容升级之后，用户的互动量产生了稳步的提升，之前发一条朋友圈动态不到 5 个人互动，调整之后，发朋友圈内容后能够有 20 个人左右互动。

5.2.3.3　剧本化发售文案

因为从开始策划到最后拿到试卷的用时较长，本次剧本化发售在 7 天的时间内，按每天发一条不同的朋友圈内容来进行。

第 1 条朋友圈：

主文案（见下图）：简单翻了下最新的中考、小升初考押题试卷，各大机构侧重点都偏向于历年考题，对于淄博市新政策要求的出题方向和规律把握不够，准确押中的概率其实不高。

（主文案是引起大家的好奇：为什么说现有押题试卷押中的概率低？）

主文案配图：押题试卷的图片

评论区 1：家里或者朋友有孩子参加中考、小升初考试的人可以点赞或者评论写 1，人数多的话我可以制作今年的绝密押题试卷。

（评论区是引导有潜在需求的用户做出点赞或者评论动作的地方。）

评论区 2：仅仅过了半个小时就有上百人点赞评论，看来大家都对押题试卷很期待啊。

（评论区 2 的文案内容主要用来塑造价值，这个价值是通过大家都很期待的形式展现出来的。）

第一条朋友圈发出去之后就有 180 多次好友互动。

第 2 条朋友圈:

(第 2 条朋友圈的主要价值传递点是: 在主文案的配图中, 对话框文案是很好的用户见证的文案。)

主文案 (见下图): 家长对于 2019 年的押题试卷很期待啊! 我也等 2019 年的押题试卷望眼欲穿了, 哈哈哈!

配图内容: 是家长对于往年押题试卷的效果反馈, 以及对 2019 年押题试卷的期待。家长问: "梁老师, 什么时候开始送呢? 去年用了你的一套押题试卷, 竟然押中了好几道题, 今年什么时候可以领取啊?"

评论区: 计划近期送出去 200 套中考、小升初考押题密卷! 现在点赞留名额占位!

(评论区的内容是为了给产品制造稀缺感, 只限量送出 200 份, 并且给用户一个指令行动, 感兴趣的家长会直接点赞占名额。)

这条朋友圈发布之后也有 120 多个互动量。

第 3 条朋友圈：

主文案（见下图）：每年的中考押题都是有技巧的，我们用了 5 年的时间研究中考出题规律，深入剖析题目知识点，所以才有了去年、前年的精准押题！

配图：家长对话，家长对以前押题的反馈，家长对于今年押题的期待。

评论区：应广大家长要求，押题试卷已经在制作中，计划近期送出 200 套押题试卷，家长点赞占位！

（这条朋友圈还是在持续塑造押题试卷的价值，引导用户点赞。）

这条朋友圈发出去后有 90 个互动量。

第 4 条朋友圈:

主文案（见下图）：这个是 2017 年押中中考试题的聊天记录，物理、化学、数学和英语，帮助学生提高 20 分以上！各位家长不要着急，今年的押题试卷已经在印刷了。

配图：配图是 2017 年押中试题时发的朋友圈截图，主要文案内容是："我押中化学实验我自己都不知道，怎么没人告诉我……"对话框文案是 2017 年家长反馈押中试卷的聊天对话。

（这条朋友圈还是在持续进行价值塑造，通过往期的成功经验及第三方视角的用户见证来展示押题试卷的质量。）

第 5 条朋友圈:

主文案（见下图）：【预告】注意！明天晚上 8 点整正式开通中考、小升初考押题密卷领取通道！

配图：已经制作好的押题试卷。

评论区：点赞这条朋友圈，设置微信提醒抢座！开放通道后我通知您！

（这条朋友圈主要用来预告活动正式开始的时间点。）

这条朋友圈发布之后有 140 次互动量。

第 6 条朋友圈：

主文案（见下图）：【重磅】中考、小升初考押题密卷领取通道已开放！请扫描图片二维码回复数字 1 领取！

配图：使用创客贴制作了一张裂变海报。二维码使用的是二维码活码宝制作的活码，活码背后是使用的微信个人号的二维码。微信挂机在 WeTool 上面，设置了关键词回复的机器人。当用户扫码添加微信个人号为好友之后回复关键词 1 就可以得到获取考试试卷的具体方案，这次活动引导用户转发海报就可以免费获取押题试卷。

评论区：领取方式已经发布，请看我第一条朋友圈，限量 200 份。

（将这条评论区内容同步在之前的朋友圈文案下，让家长知道活动已经开始了。）

本次朋友圈剧本化发售文案虽然内容比较简单，但是每一条朋友圈文案都是经过精心设计的。通过文案不断塑造产品的价值，引导用户产生行动，最终产生了良好的发售效果。

5.3　五步打造高效卖货微信群

经常有朋友向笔者咨询，为什么自家的微信群就是卖不出去货呢？每天都会在群里发红包，抢红包的人有很多，每天群内看起来也很活跃，也经常组织一些抽奖活动，但用户就是不在群内买东西。

这种情况是大多数品牌方在运营自己的微信群时都会面临的，在群内给群友也让利了，红包也发了，但是营业额却上不去。

随着微信群的泛滥，各大微信群都在迅速走向衰退期，现在建一个微信群最短 7 天就面临死亡了。要么集体潜水，整天没人说话，要么广告乱飞。低活跃度、无价值输出的微信群的营销价值急剧降低，那么我们如何利用微信群互动呢？

1）持续输出价值，哪怕没人说话你也要输出，其实有很多人在默默关注这个群，不要一味地追求活跃度，单纯的活跃度一点意义也没有。笔者曾经在一个群里"自言自语"了一个月，期间有五六个朋友加笔者为好友，成交了 2 单。只要你输出的内容有价值，就会有很多人看，不要以为没人说话就没人看。

2）做分享，不要直接发公众号链接。现在公众号文章泛滥，公众号文章被打开的概率非常低，即使是发文章也要附上简短的文字说明。我经常使用的是发小段文字，或者发用软件编辑的一段话的截图，这样传达信息的效果更好。

3）注意禁忌。直接发广告是最让人反感的行为，而且非常容易被踢出群。发广告时一定要提前互动热场，不要发硬广。

4）定期举办活动，比如每天早上 10:00 抢红包、每天晚上 18:00 群成员推荐等，让群内好友形成习惯。

那么如何避免"商家自嗨型"的微信群运营，系统打造高效卖货的微信群呢？

1. 微信群前期构建

微信群是社群的主要载体，社群是指有共同目的或者共同属性的人聚在一块组建的交流圈子，共同的目的和属性是运营的前提。

所以对于人群的选取就尤为重要，拿"双十一"促销活动来举例，在"双十一"前，品牌折扣店需要考虑目标群体是谁，他们常出现的场景在哪。例如母婴产品，邀请大学生进群就不合适。如果想让对方下单购物，以红包作为噱头也不是好方式，因为那样做对方是为钱而来，不会花钱买你的产品。

商家用户微信群的定位是带货，寻找的对象应该是有可能有购物需求的人，并且是要他们来找你，而不是你来找他们。主动邀请的方式，对于前期社群氛围的营造及后期的转化都很不利。

做好定位后，可在朋友圈、社群等渠道宣传，宣传的点在于你有稀缺资源，例如折扣或者独家渠道。并且在做这件事情前，也要判断你身边的人群对这个产品的接受程度如何。如果你原先都是在卖口红，某一天突然去卖男装，大家的接受程度就低。定位出错，也难以得到回馈。

朋友圈参考文案："我一个老朋友自己创业啦，搭建了一个品牌折扣的平台。下了几单，发现比实体店和网店都优惠。大家有想买××，可以私聊我。我帮你们推荐。"

该文案中运用的心理学知识/技巧：

老朋友自己创业：说明是很熟悉的朋友，下单有保障，通过朋友的身份去衬托自己的身份。

搭建了一个品牌折扣的平台：说明老朋友是做什么事情的，能够为自己提供什么价值。

下了几单，发现比实体店和网店都优惠：说明自己亲自体验过，发现了里面的秘密，有保障。

我帮你们推荐：说明自己有经验，可以帮到对方。

2. 社群氛围营造

前期通过宣发动作，吸引来部分目标用户进社群后，需要开始营造社群氛围。社群氛围的营造不能直接指向带货，指向带货属于"零和博弈"（零和博弈指参与博弈的各方，在严格竞争下，一方的收益必然意味着另一方的损失，博弈各方的收益和损失相加总和永远为零，双方不存在合作的可能），你们的关系是你赚钱、他出钱，营造这样的氛围转化率自然就会低。

营造氛围的同时也在经营你的人设，你的角色应该是"推荐者＋专家"（如果做不到，可找其他人配合），你在这个过程中，身份并不是卖家，产品本身也不是你生产的，所以定位为"帮助群成员去选择最佳的产品和折扣"较为合适。你是在帮助他们，而不是在赚他们的钱。

这个过程需要有"水军"来配合，"水军"可以是你的小号或者朋友。目的是把社群氛围引向你想要的那个方向。建立良好的沟通才是社群带货的前提。

在营造氛围的过程中，就开始带货。比如你帮某个群成员对比了某个商品，用数据说明在各个渠道里，你朋友的平台是最优惠的，并且有质量保证，就可以促使他下单，并让他在下单以后，把相关截图发到群内。

3. 社群节奏

社群节奏的把控，一是指交流的时间。例如你面对的群体大都是上班族，那与他们对应的交流时间可能就是上班前（8 点到 9 点）、午休（12 点到 14 点）、下班（19 点到 21 点），这时候你选择跟他们交流，得到的反馈可能就是最快的。

二是指按运营周期设立不同的活动。例如第一天你推的是鞋类，第二天还推这个，效果可能就不好。所以需要设置不同的品类，至少有差异。给群成员带来紧迫感的同时，能通过新鲜感提高社群成员对于社群的关注度。

三是指在出现不同状况时准备好相应物料。要提前对你发出活动后可能出现的情况做好预案，例如发活动或者发内容后无人回应，你应该采取怎样的措施；如果有多人讨论，应该如何提高下单率等。物料泛指文案和海报。

4. 多种方式抓住需要或痛点

群内带货无人回应时，应私聊部分成员问其原因，是没有这个需求，还是在考虑什么其他问题，比如价格、质量、品类。这么做也是在跟群成员构建良好的沟通关系，触达沉默成员，提高社群活跃度。

在商品方面，可以以拍小视频或者图片的方式展现给群成员。在促使下单方面，文字的说服力低于视频与图片。结合不同类型宣传物料内容可拉近群成员与商品的联系，从而提高下单率。

根据群成员痛点适当引导社群方向，注意不能与提供产品的核心价值偏离。

5. 学会放弃，做好复盘

当发现社群目标不能达到自己预期，也无法促活后，解散群是一个好的选择。社群运营生命周期也应该提前设置好，特别是带货类型的。如果不能在特定时间段打动用户，后面想再带来销量很难。建议都加成你的好友，通过朋友圈和私聊再次转化，有新活动再把他们拉进新群。

做好本次活动复盘，考虑得与失。零售社群比较关键的是选品与自身资源的匹配程度，如果是因为选品有问题，未来不建议再接类似活动。同时把本次活动的话术、海报、素材等都做好备份，在未来活动中调整使用。

5.4 线下连锁品牌的社群裂变卖货体系

对于有线下连锁门店或者品牌连锁的产品，如在全国或者区域拥有比较多的一线销售、导购、客服人员，总部可通过统一规划和部署进行规模化社群秒杀、团购等。本案例以某线下连锁超市品牌为例，介绍社群卖货的整套体系。

5.4.1 体系简介

通过动员一线销售、导购及客服人员，使用他们的朋友圈进行秒杀、团购活动预热，预热后拉群秒杀，活动结束后对社群及微信号上的好友进行精细化运营与持续变现。体系活动名称：品牌社群秒杀节。

5.4.2 启动与时间规划

在活动正式开始之前要对所有参加的员工进行统一培训，包含主管、一线员工，活动预热时间为4天。第一天预热：即将开始品牌社群秒杀活动。第二天预热：招募秒杀群群主，引导群主通过本次品牌秒杀节赚钱。第三天给招募的群主进行培训，并让群主开始进行品牌秒杀节的预热。第四天继续预热品牌秒杀节，并塑造秒杀产品的价值，当天晚上统一拉群。第五天晚上20点至21点进行微信群内秒杀。

第一天预热文案：

1）××品牌计划最近推出一次秒杀、团购活动，原来只有员工内购才有的价格，第一次对外开放，凡是我朋友圈好友的有福利哦。只能说价格超级低、性价比超级高、产品绝对值！对秒杀活动感兴趣的点赞这条朋友圈，到时候通知你。

2）上次公司内部团购秒杀，有个同事直接帮他亲戚、朋友、老师代买了十几份，现场领取的时候太火爆（配图：之前秒杀群内的抢购图及线下领取的照片）。

3）这次活动公司太给力了，完全是不赚钱，只为了做推广，毕竟如果做广告也要用十几万元，还不如把利润拿来做秒杀，让利给用户，获得更好的口碑，让网友帮忙给宣传一下。想要参加活动的，赶紧点赞吧！

4）微信私聊群发文案：你好呀，我是××品牌小王，有个好消息要跟你说下，我们最近要做一个秒杀活动，活动很有吸引力，之前都是只有我们内部员工才能享受的福利，这是第一次对外开放，如果你也想参加这个活动可以回复数字1，我到时候邀请你进群（这条信息是群发的，因为确实是太实惠了，不然我也不会轻易打扰我的好友）。如果你不需要的话，我也不会给你群发信息了啊，可以随时关注我的朋友圈，我们有什么活动，我都会在朋友圈里面发出来的。

第二天预热文案：

1）昨天发了我们公司要做微信秒杀活动的消息之后，到现在为止已经有100多人报名要参加活动了，看来大家都很期待啊，相信一定不会让大家失望的。预计本次秒杀活动会在4天后进行。开始倒计时啦！

2）号外！公司为了更快、更好地推广本次活动，现在开始招募微信群群主，群主只需要建立自己的秒杀群，公司负责管理，你就可以通过分销秒杀赚钱了！举个例子，如果你建的微信群有100人，每人购买100元钱的东西，那么一次你就可以卖出去1万元钱的货，公司会根据不同类型的产品给你最高10%的佣金！想做群主的赶紧私信我，我只有10个群主的名额，晚了就没有机会了。

3）刚发出去就有好几个朋友找我咨询关于成为群主的条件及如何赚钱，我发这条朋友圈统一来说一下：

①群主只负责建群，开始秒杀前公司会安排运营人员入群帮你维护；

②每个群主都会开通分销的权限，群主只需要将自己的分销小程序转发到群里，群友购买之后，你就可以赚到钱了；

③微信群最少要50人，才可以参加秒杀活动，不然可能都不够维护成本的；

④这个活动不会只做一次，而是要长期做下去，成为群主之后就可以持续赚钱了；

⑤对于群主的要求是会玩微信、能够邀请到50个人进群，就可以了；

⑥公司会统一给大家培训，朋友圈怎么发都会给你写好文案，你只需要转发就可以了。

有时间的话，赚个零花钱不是问题。

大家还有什么问题，可以随时给我微信发私信啊，现在还有 5 个群主的名额。

4）继续招募微信群群主啦，还有最后 3 个名额，截止到今天晚上 22 点，22 点后停止招募，明天上午统一把群主拉进群给大家培训。（在本文评论区，可以用倒计时的方式公布剩余名额的数量：3、2、1。）

5）群主停止招募啦，大家要是还感兴趣，就等下次吧，下次我会提前跟大家说的。（配图：停止招募群主的海报图片。）

第三天预热文案：

（上午将所有群主统一邀请到总部微信群进行培训，主要讲本次活动的让利力度及需要群主做的工作，比如需要群主几点转发什么内容的朋友圈、如何避免朋友圈折叠、给群主开通分销账号等。群主从下午开始转发提前准备好的朋友圈文案。）

1）经过两天的招募，已经有好多群主和我们一起来做这次秒杀活动了，活动空前给力，还有想要参与秒杀的朋友赶紧点赞啦，后天就开始准备拉群了。

2）秒杀活动倒计时 2 天！公布参加本次秒杀活动的产品。（将参加本次活动的产品进行公布，让大家猜一下多少钱。）

3）刚才大家猜的价格都不对，只需要××元。（附上日常超市、京东电商的价格，让大家一对比就知道这次活动的力度有多大。）

第四天预热文案：

1）本次微信群秒杀、团购活动采用线上秒杀、线下自提的形式，如果你实在是过不来，离得近的话帮你送过去。马上"双十二"了，赶紧囤点东西。

2）秒杀活动倒计时 1 天！（配图：倒计时 1 天的海报。）

3）通知：秒杀团购微信群将在晚上 20 点公布，请大家及时入群。（把这条内容同步在之前发的预热朋友圈文案评论区，通知大家晚上 20 点准备入群。)

4)（晚上 20 点准时发）本次活动秒杀微信群二维码已公布，请大家赶紧入群。（没有及时入群的，给用户定向发送群邀请。为之前点过赞的客户做标签备注，统一邀请。）

5）进群群公告：本群为××品牌秒杀、团购群，本次活动将于明天晚上 20 点至 21 点准时在群内开始，大家有什么问题可以随时私信群主。本群禁止广告，一经发现会被抱出群聊哦。本次活动之后还有更多红包！

6）群邀请裂变公告：这么好的活动，赶紧告诉你的朋友们吧。凡是邀请 5 个好友进群的朋友，将再奖励价值 10 元的香皂一块。邀请 10 人以上的朋友进群，还可以得到一桶洗衣液！赶紧邀请吧。（可使用 WeTool 的群邀请裂变功能进行群内监控统计。）

5.4.3　激励规则

在全员宣贯会上由公司现场建群，对参与建群者，公司根据群内人数给予一定的奖励；对不参与建群的员工，公司会根据员工贡献大小给予一定的奖励。

建群奖励：

1）原有群主转化群（群内人数达到 100 人以上发放奖励），奖励 1.8 千克卷纸 1 提。

2）秒杀群人数达到 100~200 人，奖励 3 千克卷纸一提、湿巾 1 包。

3）秒杀群人数达到 200~300 人，奖励 5 千克卷纸一提。

4）秒杀群人数达到 300 人以上，奖励 4.8 千克卷纸一提加抽纸一提。

销售奖励：

员工预售 1 500 元以上参与评选。（此奖励在门店活动结束后根据门店小程序后台销售数据发放。)

1）销售冠军（设1名），奖励茶花50升收纳箱一个，价值89.9元。

2）销售亚军（设2名），奖励茶花板凳一个，价值59.9元。

3）销售季军（设5名），奖励茶花盆一个，价值29.9元。

5.4.4　操作手册

门店打堆：

提前将要做活动的产品码放在门店比较显眼的位置，能让到店的用户知道现在门店内正在进行优惠活动。

门店要求：

1）各门店必须严格要求各部门主管及以上领导人员参与建群，引导活跃员工踊跃建群并在朋友圈内进行预热。

2）动员会后，由门店组织召开各门店建群者会议，部署活动实施方案。

3）方案部署完毕，须严格按照厂家规划开始实施方案并落地，分层督导检查。

4）参与建群的员工须按照厂家工作部署参与当晚的现场秒杀活动，并在秒杀开始前半小时到达。

5）活动期间免费提供门店醒目位置，以便产品展示和线下销售的同步进行。

门店支持：

1）宣讲会当天，各门店领导、职工到达现场参加启动会，准备音响、话筒，展示桌两张。

2）企划部帮忙做好宣传图文材料。

3）各店店长配合，在公司启动会后与门店、员工建群，宣传。

当用户在微信群内完成团购后，做好线下的自提工作。

5.4.5　活动注意事项

5.4.5.1　预热期

1）准备好朋友圈、微信群素材，每天发 4 条朋友圈内容，以塑造产品价值、塑造预约抢购氛围。设计秒杀倒计时海报，从倒计时 3 天开始设计，并在秒杀当天设计 10 小时倒计时海报，采用倒计时能有效促使观望的人参与进来。

2）每个群不超过 200 人，超过部分重新拉新群。人数超过 200 人会严重影响群内信息交流的触达率。

3）秒杀前 1 个小时，在群内发红包，让群友接龙：我已准备好今晚 18 点参与秒杀活动（用接龙的形式激活群）。

4）对外宣传的时候一定要限时、限量，如果不限量，无法激发用户的紧迫感。

5.4.5.2　秒杀期

1）每个群最少用 5 个小号做互动，不断烘托群内秒杀的氛围。

2）发布秒杀进度海报，比如已销 10 000 件、已销 20 000 件、仅剩 99 件，让用户看到活动的火爆程度。

3）当用户秒杀热情高涨时，可以追销相关产品。

4）在朋友圈准备好秒杀的火爆场景的素材，比如群内抢购的截屏图等。

5.4.5.3　结束期

1）在微信群内发布本地秒杀战绩。

2）公布招募的各个群主的战绩和收益。

3）招募下一期秒杀活动、团购活动群主，本次所有参加活动的人都可以申请成为群主。

（结束时再次进行群主裂变，而不是只用品牌方自己的人来拉群。后期的群运营可以培养招募的群主，群主运营群可以拿到提成。）

5.5　微信成交文案

5.5.1　朋友圈细节文案

我们先来看两个文案。

文案一：

我们从铁观音故乡的深山里采摘新鲜茶叶，挑选上等精品，再由专业茶师进行一次次翻炒和烘焙。

文案二：

在海拔 1 000 米的深山里铁观音的故乡，茶文化已存在将近 300 年。茶师十年如一日，500 克的精茶，35 000 次决定，需要 35 000 秒夜以继日的逐一挑选，每隔半个小时不间断地翻转，36 个小时的炭火烘焙，二次烤制，又是一次 36 小时的文火慢烤。（改编自君蓉《让世界看到深山中最后的茶艺人》）

哪一条文案更能让你动心？我相信绝大部分人都会选择第二条文案。如果问你为什么这么选择，我相信答案肯定会有很多，每个人都有不同的观感和认知。但有一点可以确定，第二条文案里各个场景细节的描述会无声无息地征服你。同一个事实，用不同的文案描述，会让结果大不一样。

我们在朋友圈内看到的文案通常可分为这么几类：活动文案、发售文案、产品文案、人设文案等，大部分的文案风格都比较生硬，也是目前微信个人号运营人员在写朋友圈文案时遇到的最主要的问题。优秀的文案需要好的创意和比较好的文字功底，在朋友圈，描述细节风格的文案更容易成功。

细节文案公式：场景 + 细节描述 + 数字 + 感受 = 细节文案

很多平台在讲朋友圈文案内容时，都教学员一定要写"勾心"文案，用最短的文字来抓住用户的心理，进而达成快速成交。但往往是学员听的时候很激动，听完之后却无法真正学会并且在日常的文案运营工作中落地。

细节文案有利于提高微信个人号的用户信任度，因为越是对细节的描述，成本就越高，同时也越容易进行验证，自然可信度就越高。细节文案一般会有 100 字以上的内容，相较于短文案，能够承载更多的内容。

根据上面给出的细节文案公式，我们来看这段《舌尖上的中国》对于稻花鱼的描述：

稻花鱼去内脏，在灶上摆放整齐，用微弱的炭火熏烤一夜，现在需要借助空气和风的力量，风干与发酵，将共同制造出特殊的风味。糯米布满菌丝，霉菌产生的各种酶，使淀粉水解成糖，最终得到爽口的酸甜。

甜米混合盐和辣椒，一同塞进鱼腹中。稻花鱼可以直接吃，也适合蒸或油炸，不管用哪种做法，都盖不住腌鱼和糯米造就的迷人酸甜。

本来只是一道普通人家饭桌上常见的稻花鱼，在这里看来犹如山珍海味，要不是隔着屏幕，恐怕观众都要扑上去了。

文案就要这样写，不要笼统地说好吃、美味，而是把自己当作正在做菜或者品菜的人，把食材和环境调配起来，将眼睛、舌尖、耳朵、鼻子感受到的细节放大，调动消费者的欲望。

产品越是同质化，文案越需要描述细节，这样才能够让你跟别人有所区别。打动人心的力量往往都在细节中。

我们服务过的"污师洗涤颗粒"，在朋友圈内容打造这块将细节文案写得特别好。"污师洗涤颗粒"主打的功能是无须手洗，只需要泡一泡就可以将污渍去除干净，不伤手、无化学残留、环保等。结合这个产品的功效来看一下细节文案如何写。

1. 痛点 + 场景 + 功能 + 感受

别人老样子，我是样子老。

自从结婚后我就成为一个家庭主妇，每天都是买、洗、烧，带孩子、洗衣服、打扫卫生，都没有时间去收拾自己，更不要说保养了。

上周参加了高中同学聚会，大家都是老样子，只有我一看就是没有精心保养的家庭妇女。后来和我室友聊天，她当年可是班花级别的人物，现在依然大气从容优雅端庄美丽。当我知道她现在也是家庭主妇的时候大吃一惊。虽然上学时我没她好看吧，但是也不差，现在怎么就一个天一个地？我们两个的家庭条件也差不多呀。

她神秘兮兮地跟我解密，说是因为用了污师，省了很多时间和精力。省下来的时间和精力让她可以做很多事情了。污师只需要泡洗、免搓洗和易漂洗的特性，让它相较其他产品更为便捷。吃过早饭后，老公和孩子都出门了，这个时候她就会把早餐时候的脏碗什么的都用污师泡在水池里，这段时间她可以先去进行20分钟的慢跑，然后把泡干净的碗从水池里捞起来，用清水过一遍。洗完了碗，她就去把衣服洗了。在浸泡衣服的过程中，可以敷个面膜，做个瑜伽。就像这样利用好每一点碎片化时间。

被她深深地"推销"后，我也开始用污师了。努力让自己也是老样子，而不是样子老。

在这个文案模型中，开头先展示出关键痛点，就是"变老"，同时也吸引了阅读朋友圈内容的用户的好奇，究竟是什么会让"我是样子老"。文案第二段、第三段是对于生活中场景的描述，将文案所描述的内容展现在阅读者的脑子里。第四段是描述功能，展现产品的功能，指出用了污师能让自己变得更加年轻。第五段加入了自己的感受，引发阅读者的共鸣。

2. 场景 + 感受 + 功能

花钱不讲究的人，形象也一定很不讲究。

今天走在超市里，发现有一个货架前都是人，很好奇是什么产品的促销就去看了一下，原来是洗衣液在促销。看着一群阿姨、大妈在抢购，不能说她们的勤俭持家不好，但是来了超市只会先看促销专区，所有东西先比价看看是不是涨价了，似乎只是为了生存而忘记了生活。

大家都习惯了什么便宜买什么，觉得同类型的产品其实差不多，买贵的就是浪费钱。

可其实现在越来越多的人开始追求生活品质而不是节俭了。为了节俭而去节俭，那不是真的节俭。可能我们会为此浪费更多的时间精力，难道这个不值钱吗？贵的产品当然有它贵的道理啊。

比如我刚刚接触污师的时候，我会觉得它很贵。和同类型的洗涤产品来比，污师毫无疑问是贵的。但是我被它的方便快捷吸引了。不需要搓洗，一瓶多功能，可以去污，也可以杀菌。阴干无异味。家里虽然有烘干机，可其实阴雨天烘干的衣服还是会有一点味道的。污师没有什么很浓重的香味，味道淡淡的，最大的好处就是阴干后没有异味。以前家人的纯白衣服让我很头疼，现在用了污师就不担心了，以前的汗渍、黄斑等问题都得到了较大程度的解决。

污师一生推！不要再让生活的烟火气掩盖掉你的精致。

这段朋友圈文案主打的是污师洗涤颗粒的多种功效，如杀菌、除异味、淡淡的香气、去污效果好等。

3. 场景 + 功能 + 感受

夏季的上海总是会有出其不意的雷阵雨。果然今天下午又是一场倾盆大雨，我新买的小白鞋就这样湿透了。都是路上来来往往的车辆和行人溅起的污水，连裙摆都湿了。

在没有用污师之前，我的这双小白鞋可以说是废了。白色的帆布鞋，碰到地上的泥水总是甘拜下风，洗干净后也会变成小灰鞋。

但随着科技的进步，有了污师，一切都不同了。回家后的我把脏鞋子和脏衣服用污师泡在了盆里，就直接去洗澡了，再也没有管过它们。晚上等我全部收拾好之后，我就敷着面膜去进行洗涤的最后一步了！泡完后把它们拎起来漂洗干净，就是这么愉快，这么简单！对！就是这样的。

所以呀，这么好用的污师，我怎么可以允许你们不知道！赶紧一起用。

不知道大家在阅读完这几条朋友圈文案后有什么样的感受。事实上，在采用朋友圈细节文案后，朋友圈的好友互动量、成交量得到了明显提升。

如果你是一个朋友圈文案写手，在你写文案时，可以更多地去思考如何基于产品的细节进行描述，切忌写太多很抽象又很模糊的东西，要更多地去展示细节，这是一个很好的向你的用户展示产品的方法。不过，要做到细节描述，需要你对所要写的事物非常了解，对产品的使用场景及生活化的场景有更多的认知，也就是你要不断学会洞察并积累生活中的各种细节。

5.5.2 微信个人号私聊成交文案

1. "要不"成交法

举个例子：

要不我们约个时间见面，我替你做个免费测脂，让你了解指数后，你再决定要不要拿1个月的减重配套？

要不你先上基础课了解配色的原理，再到中级班开始做设计图？

要不你先试试5天的减重体验配套，觉得满意后，我再为你讲解1个月、3个月、6个月的配套？

2. 限时限量成交法

举个例子：

要不你先拿1套试试？不然下个月就提价20%了。

要不你直接拿6个月的配套？这样就可以享有半价的优惠，过两天就没有这个优惠了。

要不你现在直接拿5套？我可以另外多送2套给你，只限今晚22点前下单。

3. 导航图成交法

什么是导航图成交法？

第一步，试探性发问，了解客户的梦想。

第二步，与客户100%站在同一条战线，帮助客户思考怎么去实现梦想。

第三步，帮助客户画出实现梦想的导航图。

第四步，按照导航图一步一步来帮助客户实现梦想。

举个例子：

如果你使用我们的方法，配合适量的运动，我们可以保证你会达到标准的体重指数。

你用错了方法，所以导致你在减重期间会感到眩晕，如果你加了××在饮料中，不但有饱腹感，还可以快速达到减重效果。

广告设计没有一天就学会的，要不断练习、阅读、参考其他的作品，所以一步一个脚印从新手入门班开始对你比较合适。

4."如果说"成交法

举个例子：

如果说我开一个群，免费教大家"创意设计"，大家有兴趣加入吗？感兴趣的回复"1"。

如果说我能帮你处理设计广告时遇到的难题，还免费帮你设计一张你的产品广告图，你愿意报名上课吗？

如果说先让你免费体验 5 天的健身配套，还有私人教练在旁协助，让你达到效果后，才来考虑签配套，你愿不愿意试试？

第 6 章

体系搭建

任何竞争都是体系的竞争

私域
流量

6.1　用私域流量改造购物中心

6.1.1　困境与机会

6.1.1.1　市场竞争激烈

截止到 2019 年，根据赢商网统计数据显示，全国 3 万平方米以上的购物中心数量达到 5 000 余家，商业同质化严重，竞争激烈，尤其是在三、四线城市，人口基数小、消费能力弱，更加剧了购物中心间的竞争。随着一站式购物中心、商业综合体的出现，三、四线城市老牌购物中心受到了很大的市场挤压，不断有品牌倒闭、退市。

6.1.1.2　营销模式传统

购物中心在国内已有接近 50 年的发展历史，绝大多数购物中心的营销策略依旧停留在十年前，即拿到一个好的城市地段，通过地理位置优势引流。在区域电视、报纸、电梯广告、公交广告、新媒体上进行广告投放，将用户引流至购物中心进行消费。营销效果、广告效果无法量化，用户长期看到同质化的营销推广会产生免疫力，倒逼购物中心不断策划出更加有趣、新奇的活动来拉拢客户。

6.1.1.3　机会

随着社交电商、社区团购的兴起，用户越来越能够接受通过微信进行下单团购的消费形式，2019 年全国社区团购品牌有将近 200 家，用户流量已经从购物中心的中心化流量池分散到以社区为中心的流量池。区域购物中心相较于社交电商与社区团购平台，具有多个优势：

1. 品牌优势

很多购物中心品牌在区域城市已经深耕十几年，在本地用户心目中已经形成了品牌认知。购物中心作为一个实体门店，拥有相较于线上平台更强的品牌信任背书。

2. 供应链优势

社交电商、社区团购品牌大多数是全国供应链，供应链较长，成本高，对城市内"最后一公里"的配送问题很难有效解决。一些社区团购的"夫妻店"只在小区附近做一些水果、生鲜类的团购生意，没有规模化可复制的供应链体系。而购物中心拥有上百个品牌，包括服装、美食、娱乐休闲、商超百货，可快速搭建起本地供应链体系。

3. 流量优势

一般购物中心按照每天流量 5 000 人估算，节假日则会翻 3 ~ 5 倍，天然的客流量，是社交电商、社区团购品牌无法比拟的。参照淘宝、京东的 2018 年获客成本分析，单个电商的新用户获客成本已经高达 300 元/人。5 000 客流量中，绝大多数都是要在购物中心消费的用户，按照每个用户价值 100 元计算，购物中心每天可获得价值 50 万元以上的客流量。

购物中心利用自身价值，搭建起属于购物中心自己的私域流量池，结合社区团购把流量中心前置到社区，会有巨大的市场机会。

6.1.2 购物中心流量私域化

6.1.2.1 购物中心的管理团队认知

体系化搭建购物中心私域流量，需要得到购物中心高层管理人员的认可与全力支持。

1. 什么是购物中心的流量私域化

将购物中心能够通过线下、线上影响到的用户，包括购物中心的潜在客户及已消费客户，都留存在购物中心所能够控制的流量载体内，流量载体包含微信个人号、订阅号、服务号、小程序等，以便能够随时、自由、免费地触达购物中心的用户。

2. 流量私域化不是一个短期战略

流量的私域化过程是一个需要长期坚持的品牌战略化过程，涉及营销模式、供应链、消费场景的改变，不是一蹴而就的事。

3. 流量私域化注重的是用户的终身价值

终身价值不仅体现在单一品牌营销活动中的投入产出比，更多地体现在通过用户运营来挖掘用户的更多需求。

6.1.2.2 工具准备

1. 微信个人号

第一阶段需要准备至少 10 个微信个人号，通过个人号的引流效果测试后，再依次批量上微信个人号。微信个人号的获取有多种形式，下面主要介绍两种：

（1）新注册

因为每台终端绑定的微信个人号数量有限，在进行微信个人号注册时，需要用到绑定人的个人信息。注册使用的微信个人号可以通过运营商进行批量办理，手机号归属于公司，但是需要绑定个人信息，每个人每个运营商可以办理 5 个手机号码。新注册微信号的程序越来越烦琐，属于下策。

（2）购买员工微信号

有很多员工会注册多个微信号，但一般只用一个，可以协议购买员工微信个人号的使用权，然后再绑定到公司的手机号上面，微信个人号的拥有权原则上还是归属于员工个人，公司只有使用权。

2. 手机

用于个人号管理的手机的配置不需要太高，一般的安卓二手手机就能够满足运营要求，售价在 400~600 元，一台手机只挂一个微信个人号。

3. 服务号与订阅号

服务号和订阅号主要用来做用户裂变的承载体和工具。服务号可以绑定第三方平台进行任务宝、分销裂变及消息群发，但会有一定风险，需要准备 4 个服务号、2 个订阅号，其中 1 个服务号和 1 个订阅号做购物中心的品牌推广，其余的服务号及订阅号用来做用户增长。

4. 辅助管理系统

目前相对安全的是 WeTool，能够满足微信个人号的一般日常辅助管理，包括标签管理、自动备注、粉丝群发、自动通过、自动回复、关键词邀请进群、SOP 话术模板、群活跃统计、邀请好友统计等功能，可用于社群管理、个人号裂变等。

功能类似的工具还有小 U 管家、微友助手等，工具的使用会有一定风险，可以通过个人号行为进行规避，不骚扰用户，不过度营销，不欺骗粉丝，本着为用户提供更多价值和服务的原则来使用工具。

5. 裂变增长

目前使用任务宝工具的"增粉"效果比较好，可选择的任务宝平台也比较多，比如媒想到、乙店、星耀科技、推精灵等产品，一般服务费按照年度收取，价格可通过官网查询对比。

为了分销增长，可以使用小鹅通、有赞、官推等平台进行分销返佣的裂变增长。

6.1.2.3　体系架构

1. 引流入口

（1）线下空间入口

通过购物中心物料引导，将用户导流到线上。

（2）线下广告宣传入口

在现有的线下广告宣传中加入线上流量承载体。

（3）线上媒体宣传入口

在进行线上新媒体文章推广时，加入购物中心流量承载体的引流环节。

2. 承载体

服务号、订阅号、微信个人号的朋友圈、微信群、购物中心空间，都属于购物中心流量的承载体。

3. 转化体

所有承载体的流量，都要引流到微信个人号上面进行转化，通过朋友圈、微信群的长期养成，来增加用户的黏性与信任，提高用户的复购率。

4. 成交体

微信个人号不直接收款，通过商城小程序进行收款统一管理。

6.1.2.4　个人号打造

购物中心所打造的个人号的定位不应该是品牌方客服，因为这会让用户感觉是在对他做营销，除了营销以外没有其他价值。比较好的定位是打造成购物中心主管或者某个负责人，在用户心目中，认识一位购物中心的主管或者负责人是值得的，不会认为自己只是在被营销，尤其在"人情"社会，一位购物中心主管、负责人还有可能对自己有其他的帮助。

个人号的人物画像定位：主标签是一位购物中心主管，辅助标签是热爱生活、爱分享、爱运动、积极向上，可依据标签，进行朋友圈内容规划。这个人物会第一时间与用户产生交流，并与用户经常进行互动。

6.1.2.5　引流

无论是线上引流还是线下引流，都需要给用户一个加你为好友的理由，这个理由就是能够为用户提供的福利。

1. 停车券

可以通过添加好友领取停车券的形式进行引流。凡是添加微信好友的用户，都可以通过回复关键词获得一张免费停车券。

2. 购物袋

用户在购买东西结账时，引导用户添加好友后可以免费获取购物袋。

3. 物料引流

通过线下设置海报、易拉宝、桌卡等，引导用户添加专属 VIP 服务个人号。

4. 线上广告投放

线上公众号文章投放时加入个人号引流诱饵，如添加好友可获得购物中心的福利。

6.1.2.6　精细化运营

1. 用户标签化管理

对朋友圈好友添加标签备注时，可以将好友分为消费过的好友与未消费过的好友，在购物中心内添加的好友可以默认为是已经消费过的好友。标签可以根据性别、年龄、生日、小区、喜好进行标记，性别可以查看对方的设置，年龄可以根据头像、"粉丝"发的朋友圈判定一个区间，生日及小区信息，可以根据朋友圈内容进行标注。如果引导用户注册会员，会员信息可以同步到用户标签。

2. 朋友圈精细化管理

每个微信号，每天与 30 个微信好友保持互动，查看 30 个"粉丝"的朋友圈并添加标签备注，精心评论 30 个"粉丝"的朋友圈，与 30 个"粉丝"进行私聊互动。

当看到微信好友发布与他的生日相关的内容时，可以与对方私信说给他准备了一个小礼物，欢迎路过购物中心的时候来取；如果好友发了求助信息，可以私聊对方现在遇到的困难，看是否能够提供帮助；提前一周准备好下一周要发的朋友圈素材，比如购物中心品牌活动、门店秒杀活动、抽奖活动等的素材。

6.1.2.7 预期效果

1. 微信好友量

按照每天平均客流量5 000人计算，通过多种引流方式共同引流，引流转化率可达到10%～20%，以最低10%的引流转化率计算，单月引流到微信个人号的"粉丝"量可在15 000人；按照20%的引流转化率计算，可以达到30 000"粉丝"量。每个微信个人号只添加3 000人，可将10个微信个人号加满人，3个月时间就可积累约50 000微信个人号的精准"粉丝"。

2. 朋友圈营销价值

有了50 000好友，用个人号发一条朋友圈就可以触达40 000名精准用户，相当于每一条朋友圈都有40 000阅读量。如果折算成地推传单的价值，就需要发放40万张传单（以10%的查看率计算）才能有40 000人阅读，每张传单按照0.3元计算，需花费12万元，也就是说单条朋友圈的推广价值相当于12万元。

3. 年度终身价值

按照单个精准用户年度消费价值100元计算，50 000精准个人号价值500万元，超级用户的终身价值更大。

6.1.3 社区团购化——购物中心流量前置

6.1.3.1 策略

1）通过品牌影响力与流量，打造本地集吃喝玩乐一体的社区团购平台，绑定购物中心内的品牌做联合推广营销。

2）每个小区一名团长，3 个小区一名区长，10 个小区一名城市经理，通过金字塔结构进行团队组建与培养。

3）团长是购物中心一级管理者，直接拿销售额的佣金，区长、城市经理可以从团长中进行选拔，给予相应的业绩提成奖励。

4）在团购群每天可团购不同单品，当天团次日送达，早期可以每周一团，进行模式验证与流程优化。

6.1.3.2　团长招募

1. 招募对象

社区团长在运营时需要付出足够多的时间和精力，要求具备的条件是有时间、认可购物中心品牌，并且渴望通过社区团购提升个人收入。可以优先从购物中心员工内部招募，内部员工很多都是本地区的人，熟悉购物中心，同时也熟悉所在的小区，他周边的人也会更加信任他，方便市场推广和后续培养。

招募完内部团长之后，再面向其他小区进行招募，优先选择宝妈或有过微商从业经历的人。

2. 招募渠道

内测期，团长招募可释放少量名额，优先内部申请，能够让内部员工更加珍惜和看重社区团长的价值。一般可选择 10 个位置相对集中，并且有代表性的小区作为试点，试点时间为期 1 个月左右，期间根据团长和客户的反馈不断调整和优化服务体系。打造出完整的团长培养体系、团购执行标准化流程之后，再进行规模化放大。

公开招募期，可通过购物中心宣传物料、音频、视频等形式进行宣传，同时可以通过与小区物业进行合作，投放小区广告宣传资料。线上可以推送公众号软文进行招募宣传。

3. 招募优势

1）社区团购是未来新零售的发展趋势，加入团长可兼职赚比工资还多的钱。

2）品牌背书，本地知名购物中心的社区团购，增加用户信任感。

3）品牌流量支持，购物中心每天自然人流量在 5 000 人以上，都是各个团长的流量池。

4）完善的培训体系，对加入的团长进行一对一的培训。

5）完善的综合服务体系，用户团购的每一件产品，购物中心都会负责跟进售后服务，如果用户不满意，3 天内无条件退货、退款。

6.1.3.3 团长培养

1. 公司各个内部群的管理规定

1）小区团购群：由公司建群后邀请团长加入，团长再邀请小区内邻居加入。社群群规：本群是团长用来销售商品、和邻居互动交流的群，群内禁止发布广告，禁止互相加人，禁止发布消极负能量的内容；平时群内消息较多，邻居们可将群设置为消息免打扰，每天抽空看看群里产品，挑选有需要的产品。群名称：×× 小区团购群。团长名称：某某小区团长。

2）团长群：是团长相互间交流信息的平台，大家对使用产品和心得可以互相交流沟通，禁止发布与公司无关的产品信息、砍价链接，售后问题联系客服单独解决，请不要在团长群发布负面消极的信息，影响整体氛围。团长名称：团长小区团长。

2. 团长的日常工作内容

1）加本小区内邻居入群，以年轻女性、宝妈为主。

2）加满 100 人的群就可以开团，人数越多，收入越高。

3）找到本小区亲戚、朋友，请她们帮忙加熟人入群。

4）业主群加人：生成自己的二维码，发到业主群，说明群功能，发红包，让业主扫码加入；基础用户很重要，尽可能精准到小区邻居。

5）在群内请群友帮忙加小区邻居入群，每加 1 人可以给予小红包（1元抵扣券）奖励。

6）小区楼宇内每户扫楼，发送传单，扫码加人。

7）在小区道路广场大门口发送传单，邀请邻居扫码进群。

备注：每个进群的人，团长都要将其加为好友，备注好用户信息，方便沟通互动，建立信任。

参考扫楼话术：

（敲门 3 下）您好！我是小区××栋××的业主，我们现在在和××购物中心做团购活动，每周都会定期上架几款水果、蔬菜、衣服等秒杀商品，还有各种吃喝玩乐的优惠券，价格也很便宜。您可以进群团购，现在已经有很多业主加进来了。我们现在是每周开 6 次团，你可以进群选购，看看有没有你喜欢的产品。

3．线上社区的日常维护

一个群的活跃度和销量是成正比的，所以做好群的日常维护是非常重要的。群的规定在建群初期和有新人加入的时候要及时发布，群内禁止发广告，禁止群员之间互加，发现有人大量加人的时候及时通知群主好踢人，以方便将其清除群，防止群成员因反感而退群，造成群成员流失。要培养群成员购物习惯，教会大家自己下单。人都有从众心理，看到大家都买自己就会跟着下单。要找家人或者朋友来暖场，活跃气氛，为其他有效顾客的下单做好引导。营造热销氛围很重要，平时多互动，多晒单、多分享。

4．产品上架发布及营销

在产品上架前请所有团长仔细了解产品信息，对产品属性做到大致了解，在顾客提出疑问的时候及时做出解答，以显示团长的专业性。发布产品信息之后，发一个小红包，写上"关注某某产品，抢红包"已成为人们的一种习惯，而不在意多少钱，一个产品发出去至少会有 30 个人关注到。掌握互动时间节奏，一般早上 9 到 10 点半之间，中午 12 点半到下午 2 点，晚上 8 点到 10 点半都是群内互动产生单量的高峰期，这三个时间段团长应做好互动和群内气氛的调节。

5. 售后

退换货夏季 24 小时，其他季节 48 小时。要向客户宣导到位，告知其拿到物品后第一时间检查，包赔包换，公司有完善的售后体系，让顾客放心购买。（售后问题联系客服单独解决，请客户不要在团长群发布负面消极的信息，以免影响整体氛围。）

6. 售后处理技巧和方法

客户在收到产品之后，团长要及时跟进，收集客户的反馈意见，好的反馈要截图发送到小区团购群中，让其他未购买的客户看见，增加对产品的信任度；如果有客户反馈产品质量问题，拍照反馈问题，团长在收到客户质量反馈时，要先了解详细情况，给予解答，如确有产品质量问题，应第一时间和客服联系。

7. 大群建群要求

小区团购群

建群要求：公司管理员建群，加入市场经理和团长，修改群名称和团长群备注。

群名称：××社区××购物中心小区团购群

团长群昵称：××小区团长

群功能：销售产品、沟通答疑、晒单分享

团长群

群名称：××社区团长群 1 群

团长群昵称：某某小区××期团长

群功能：公告通知、沟通答疑、晒单分享

文案群

群名称：文案群（××社区）

团长群昵称：××小区团长

群功能：发布商品销售文案，优秀团长培训分享

群要求：此群禁止发言，违者发红包

如何成为优秀团长

一个基础条件

心态：团长与公司合作共赢，积极推动公司产品销售，遇到问题一起面对解决。

基础：操作技能＋售后服务。熟练基础操作，配合公司配送，贴心理性的售后服务。

两个攻略

上人攻略：

产品上人：9.9元和19.8元产品、梯度价策略、爆品推动；

推荐上人：老客户邀请5位新人，邀请一位得1元红包；

业主群上人：团长找业主群群主或者意见领袖进行推广；

分货上人：每天在人流集中时间点，进行统一分货上人；

地推上人：公司提供支持、团长积极在小区进行地推；

扫楼上人：按栋拜访邻居，交流推广加人，可带样品。

销售攻略：

预热到位：社群与朋友圈同步预热产品，增加关注度；

热销氛围：将四种常见热销氛围做足；

客情培养：培养客户关系、做好售后服务；

优秀团长分享：定期学习优秀团长的销售经验。

三个关键

高效团＝团质量×热销氛围×有效人数

团质量：

基础客户结构：亲戚好友"神助攻"、基础客户"抓质量"；

群销售规范性：五项群规不断教育、打造绿色购物环境、群销售规范到位。

热销氛围：

购买互动：调动下单互动，形成交易氛围；

销量证明：接龙数量、购买记录、大单诱惑；

好评如潮：好评图片、好评视频，多多益善；

库存与截单提醒：库存提醒、截单提醒、售罄公告。

有效人数：

上人策略：常见的6种上人策略组合实施；

消费引导：平台服务与产品理念引导，建立信任；

优秀团长分析：定期学习优秀团长的经验。

四条线

群规线：主要是"五项群规"：群介绍、购物流程、售后承诺与流程、群纪律、摆事实。

氛围线：欢迎仪式、红包活跃、有奖竞猜、点赞有礼等活动形式，接龙数量、购买记录、大单诱惑等销量证明，以及调动购买互动等，形成交易氛围。

产品线：积极全面转载公司的文案信息，清晰产品的卖点和促销点，以文字、图片、视频、用户晒单等内容进行信息流介绍，抓住重点，推动购买。

晒单线："口碑传播是最好的营销"，充分调动用户的晒单习惯，以及经常将各类相关优质晒单内容分享到群里与客户互动。

6.1.3.4　供应链

根据团购的种类和规模，在早期可以根据各个小区的团购情况，由购物中心配货车统一配送至各个小区团长分发点。购物中心在每次团购前需要预估团购数量，提前备货。需要解决的只有两段供应链，一是产品从工厂或者品牌方到购物中心的供应链，二是从购物中心到小区团长的供应链。

6.1.3.5　预期效果

1. 销货

一个活跃的 300 人小区团购群单次团购金额一般在 1 000 元至 5 000 元，按照一般覆盖 100 个小区的 200 个团购微信群的规模计算，单次团购销量可达到 20 万元，销售的金额与团购活动中的选品策略有关。

2. 宣传

当构建起覆盖 100 个小区的 200 个团购微信群时，将直接影响区域内 10 万人，间接影响可达到百万人。不仅可以销售购物中心内合作的产品，还可以推广本地区的特色产品，比如本地当季的蔬菜、水果、特色小吃等。

3. 导流

通过将流量中心转移到小区内，引流大量小区用户后，会有更多的用户得知购物中心的最新优惠活动、品牌信息，也就能够更加有效地向购物中心导流。

6.2　单店如何搭建私域流量池

线下门店与电商、互联网品牌有很大的不同，线下门店更具有区域特性，这是一种局限性，同时也是一种相较于线上品牌的优势：线下门店能够更加快速地满足用户的即时需求，可以给予用户更多的服务体验。根据用户消费的频率来分类，可分为高频门店和低频门店。像餐饮、商超百货、服装店、便利店、美容店、酒店等用户可以产生持续复购的属于高频门店；汽车4S店、婚礼用品店、教育机构、房产中介公司等用户复购周期较长的，属于低频门店。高频门店营业额增长最核心的关键点是用户复购率，在考虑用户复购时要想清楚，用户是没有能力复购，还是没有意愿复购？没有能力复购是产品结构问题，可通过调整不同价位、功能的产品结构，来刺激没有能力复购的用户。没有意愿复购是产品质量问题，应通过不断优化产品质量，重视产品口碑，来提升用户复购率。

根据是否有公开服务点评，门店可分为有点评门店和无点评门店，有无点评意味着用户在选择门店之前是否有可参考的服务评价，会影响用户的消费决策。在美团、大众点评等本地生活平台上，餐饮、娱乐休闲、美业、酒店等属于有点评门店。而教育机构、服装店、房产中介公司等属于无点评门店。拥有点评的门店很大一部分流量都来源于各种点评平台，好处是得到了更大的流量支持，但如果点评的评分较低，如4分以下的，就会对销售产生负面影响，不仅无法带来用户，还有可能让用户产生反感，降低进店量。如果想要在点评平台上得到更多的曝光，还需要投放广告，同时还会收取较高的门店交易流水抽成。

6.2.1 单店私域流量现状

与连锁门店不同，单店的店长一般也是老板，更容易与顾客建立联系与信任关系。目前有部分门店会将自己的微信个人号作为一个流量承载体引导到店的顾客添加，但效果微乎其微，主要是由以下几个原因造成的：

1. 认知不足

虽然也知道将用户导流到微信个人号上面是有价值的，但是对于这个价值能有多大，自己没有一个正确的认知，只是想着将线下流量导流到线上来，对后期经营没有足够的重视。

2. 时间精力跟不上

客户添加门店微信个人号为好友之后，应答时间太久，通过之后由于账号维护人员的时间问题，无法及时进行沟通，造成客户即使是添加了微信个人号，但留存量也上不去。

3. 微信个人号的运营方法不正确

基本上门店微信个人号都会根据品牌设置头像和昵称，用户在添加好友的时候就会形成排斥，更谈不上深度的精细化运营管理了。

4. 没有循环裂变店内流量

门店在引流到个人号的时候只设置一次关注引流，没有设置个人号的裂变增长，会导致门店客户流量有限。

门店本身就是一个流量载体，导入个人微信号是希望用户能够持久在门店进行消费，要做流量池并非只导流到微信个人号就可以了。门店私域流量是一个系统化体系，包含门店品牌、产品定位、店内装饰、店员服务、用户体验、引流裂变、运营维护、挖掘超级用户、流量循环往复、各种促销工具的使用等。

6.2.2 流量私域化的目的

通过门店私域流量体系化的建设，构建起一套可复制、标准化的流程产品，实现门店营业额的整体提升。要达到上述目的，需要根据门店顾客的人群分布、客群画像、渠道来源进行分类，如：逛街路过看到相关信息门店进店的客户、从美团上看到相关信息进店的客户、从朋友的朋友圈看到相关信息进店的客户、口碑传播的客户、周边地区的客户、学校客户、周边写字楼客户等。针对客户的来源进行深度分析，分析出哪个渠道到店的客户最多，从哪个渠道到店的客户最少，鼓励进店量多的渠道客户，拉升进店量少的渠道客户。如果通过门店自然流量第二次进店的客户较少，说明门店的橱窗展示或者门店的门脸设计需要改善提升，同样对通过其他渠道过来的客户也需要做类似的增长改进方案。

6.2.3　门店产品

门店的核心是产品，产品的核心在于定位。如何抢占用户，通过品牌与产品的调研分析，来重新梳理和定位门店品牌与产品，让用户产生更有效的认知，是构建门店私域流量第一步。产品包含用户在门店内享受到的服务、环境、体验等。

6.2.3.1　品牌定位

以线下门店中最具代表性，同时也是门店数量最多的类型：餐饮门店，来进行分析。

定位是客户对门店的第一认知，笔者之前服务过的一家餐饮门店主打碳烤，这个不属于品牌定位，只是进行了品类定位。接下来需要进行品牌、产品的整体调研分析，之后再确定门店品牌和产品的精准定位。

6.2.3.2　品牌调研

调研的方向主要有两个：

1）门店周边餐饮门店调研。包含本区域内餐饮品类分布、价格分布、优惠活动、主打产品等，调研考察方法为，进店、拍照、询问调查、专门访谈，来了解门店周边的竞品，知己知彼。

2）本地区全区域（以区县为单位）内烧烤店调研。包含本区内所有烧烤店的主打菜品、客户评价、主打口号、门店名称、门店分布图等，以此找到门店在本区域内的差异化定位，抓住其他门店没有的、本门店擅长的方向进行精准定位。

3）根据调研数据与分析，来确定门店的主打产品、定价方案、定位、口号等。

6.2.4　打造门店个人号

门店个人号的打造需要将门店与创始人或者门店负责人进行结合，融合打造，单纯以门店名称或者头像来制定门店个人号微信，会让客户感觉与门店之间拉开距离。

6.2.4.1　个人号四件套

个人号是门店与客户持续产生关系的平台，是微信端的门脸，更好地展示了个人微信形象，能够有效与客户产生触达关系。

1. 头像

头像禁忌使用单纯门店照片、风景照片，应该使用门店负责人或者门店创始人的写真照或者生活照作为微信个人号的头像，头像中需要体现出创始人的产品，如在农场中拍摄的生活照。

2. 昵称

因为门店的个人号用户在添加之前不知道这个号是做什么的，昵称最好设置成姓名＋门店名称＋职务，比如"王涛—天天烤肉创始人"。

3. 个性签名

个性签名应该与个人的发展和门店品牌结合在一起，如：天天烤肉创始人，健康餐饮，放心烤肉品牌开创者。

4. 主页背景墙

背景墙需要具备的要素有品牌名称、个人简介、产品照片等，背景墙是客户了解门店个人号的展示窗口。

6.2.4.2　个人号定位

就像任何公司、产品都需要进行定位一样，门店微信个人号也需要进行定位。

1. 创始人访谈

在进行个人号定位前，需要对创始人进行深度访谈，来了解创始人做这件事情的初衷、核心价值观及对门店发展的未来规划，需要更多地了解门店创始人的主要经历，有经历就有故事可以写，有故事的创始人才是有灵魂的。

2. 创始人个人故事提炼

通过人物访谈的形式对创始人的故事进行提炼，筛选可以引发客户共鸣的故事，写出个人故事和简介的文章。

3. 人设定位

针对餐饮业，味道自然重要，但核心是健康、安全。同样，创始人的人设定位也要围绕这一点，所有故事都围绕创始人对于追求产品健康、安全的核心点来写。例如：

主标签：天天烤肉品牌创始人

辅助标签：美食达人、营养专家、健康、安全食品的追梦人，有梦想的创业者，有价值，正能量，有思想

4. 个人号人设使朋友圈落地

朋友圈内容发布规划：

30%的门店价值输出（朋友圈发30%跟食品、餐饮相关的价值输出，怎么选择优质牛排、优质猪排，什么样的肉才是好肉等）、15%的产品火爆程度（门店到店人数、客户反馈）、15%的个人生活（个人的生活日常，生活化）、10%的段子（视情况而定，可以是有趣的段子内容等）、10%的个人创业感悟和个人思想输出（如深夜了还在思考门店业务的发展，创业不容易，对客户的真诚付出）、20%的发布新产品或者新活动的内容。

6.2.5 门店用户转化路径

1. 门店外展示内容

门脸最显眼的地方要放最重要的信息。这句话看似是废话，但是我们是否真的认真调查和思考过：哪儿是我们最显眼的地方？什么是我们最重要的信息？如何摆放？如何呈现？线下店要思考如何摆放与呈现它最重要的信息，想一下，其实线上也是一样的。你卖货的主要平台在朋友圈、淘宝、微店、有赞商城、公众号、小程序等上面，信息载体不是实体的广告牌和纸质资料，而是网页，相同的是你要考虑如何摆放与呈现最重要的信息，最重要的信息也都是：品牌 logo、名字、价目表、爆款、新品、优惠、广告语、名人背书等。

2. 门脸

门脸需要根据品牌、产品定位进行调整。比如有养殖场直供，新鲜好牛排。这句话能表达出门店品牌与产品的核心价值与特点。

3. 橱窗

橱窗是门店更直接的展厅区，要尽可能把能够吸引客户的信息曝光出来。

1）加上央视品牌背书海报照片；

2）门店最新优惠信息；

3）养殖场场景照片；

4）令人有食欲的食物照片。

4. 美团

美团也是门店引流的关键点，很多客户都会看到美团、大众点评上的评论，低分评论会严重影响门店的流量。可以采用以下措施提升美团这个平台的流量。

1）在美团推出引流团购产品；

2）美团用户到店后进行引导评论；

3）美团图片需要根据产品和品牌设计。

5. 用户进店

用户进店 10 秒内，会决定是否留在店内，需要重视门店给人的第一感觉。

6. 店员着装

门店店员要统一着装，着装包含门店名称、门店特色，上菜要带上防护口罩，显示出门店的正规与卫生、安全。

7. 店员引导话术

客户到店后，要主动去迎接，并主动推荐本店的特色产品。

1）欢迎光临天天烤肉，精致烤肉就在天天烤肉！

2）本店主打特色产品是五花猪排，您可以品尝一下。

8. 店内物料展示

将门店主要特色产品和服务做成印刷物料在店内展示，如组织的线下会员活动、养殖场的养殖环境、产品加上场景、门店优惠信息等。

9. 店内音乐

门店内音乐的选择应偏向于活泼、安静的，能够让客户得到视觉、听觉、味觉全方位的享受。

10. 店内味道

店内烤肉的口味，再加上烟薰的味道，能够更好地激发客户的食欲。

11. 门店广告板

门店广告板是客户坐下之后了解门店的重要渠道之一，需要将门店的重要背书制作上去，如央视的报道、养殖场的环境、加上生产环境、运输环境，门店形象等。

12. 客户落座

客户落座是享受服务的开始，也是门店做客户流量池转化的开始，在这个节点可将客户从门店这个流量载体，转移到门店个人号载体上。

13. 门店个人号"增粉"诱饵设计

1）赠送菜品，添加好友赠送某个菜品或者饮料；

2）打折，添加好友后可以享受折扣优惠价格；

3）其他礼物，可以是一只可爱的小黄鸭、一枝花或者一包纸巾。

14. 个人号引导添加桌卡设计

话术：您好，欢迎来到天天烤肉就餐，我是这个店的创始人，店内有任何服务或者菜品您不满意的，可随时向我反馈，同时，添加我为好友之后我将邀请您进入我们的门店家人群，群内预约订餐可享受优惠，另外还可以享受到朋友圈好友菜单哦（新品、折扣），或许其他方面我也可能帮到您。

15. 门店员工"增粉"话术

"您好，我们门店创始人很看重我们的服务和产品质量，所以每张桌子上都会放上我们老板的私人微信号，添加我们老板的微信可以立马获得××优惠。他会邀请您加入我们的门店家人群，以后您订餐还会有优惠。"

16. 客户就餐

客户就餐期间，在享受美味的同时，还在享受店内的服务，要考虑到新客户会遇到哪些问题，老客户更加希望得到哪些服务，做好就餐时的服务改进。

17. 极致服务

客户就餐时店员应及时观察店内客户的需求，如碳快没有了要添、烤制的时间超了要提醒客户等，需要更好地培养店员做好店内的接待服务。

可以为店员设置奖励机制。

18. 客户结账

客户结账时，是店内推广会员、锁定客户的最佳时机，锁客最有效的形式就是会员充值。制定会员手册、做会员服务介绍，让客户哪怕在店内消费后也能看到会员服务介绍，刺激转化。

制定专属会员活动，如会员日、会员见面会、会员体验日等都可以。促进会员与门店之间的关系，具体的会员活动可以根据店的定位与产品确定。

19. 客户结账后

客户结账不是服务的结束，而是下一个开始，门店需要的不是一次性客户，而是客户的长期复购习惯，很多门店也在做客户体验，但是基本上都是只停留在店内的服务方面。加了微信，如果后续没有任何跟进和互动，已触达的客户也会慢慢流失掉。

一天内回访话术：您好，感谢您到我们天天烤肉就餐！我们有农场直供的新鲜肉品，我是天天烤肉品牌创始人，我很看重每个客户的体验以及每个客户的真实反馈，每个反馈都是我们进步成长的动力。想请问您，您对我们餐厅的服务和菜品有什么意见或者建议吗？

感谢您的反馈，我们一直致力于健康、安全食品的制作，希望您能多了解我们，或许我可以给您提供除餐饮以外的服务。回复数字1，了解我。回复数字2，了解门店。回复数字3，了解我们的养殖场。（我是真人，只不过使用了辅助工具。）

回访反馈记录：每条客户反馈都应该被记录在文档中，包含信息有姓名、就餐时间、反馈内容、处理建议、是否跟进处理、跟进人、备注。每个客户的真实反馈能够清晰明了，让客户参与到门店的改进过程中。

6.2.6　精细化运营

1. 分类与标签化管理

比较基础的客户分类有超级用户、会员用户、普通用户、未消费用户，超级用户高度认可门店的产品和品牌、消费 3 次以上，并且还会给朋友推荐门店的产品；会员用户是在门店内充值成为会员的用户；普通用户是消费 3 次以下的客户。

2. 朋友圈互动评论

朋友圈经常与用户互动，互动不只是点赞或者评论，要根据用户的朋友圈内容来评论用户可能会感兴趣的内容，不能直接营销你的产品。

3. 微信群内互动

在微信群内做好及时互动维护，在群内营造互动氛围，每天聊预约订座、产品团购等吃喝玩乐的信息，多给群内送福利。当用户在群内寻求帮助时，群主可主动答复。

4. 个人号私聊互动

超级用户每周互动，会员每月私聊互动，普通用户每季度私聊互动，这个是基本频率。私聊互动中是可以根据店内活动群发消息的，但需要一定的技巧，要让对方感知到你是真的在与他私聊，而不是群发。

5. 超级用户管理

做好超级用户的一对一跟进，为超级用户定制专属服务。门店超级用户管理手册包含以下信息：

1）超级用户档案表建立：每个超级用户都是一个关键人物，尽可能多地去了解每个用户，当作我们个人的超级人脉去对待，而不仅仅是消费者与商家的关系。

2）超级用户的日常维护运营：与他聊天互动，产品内测时邀他体验。

3）超级用户的福利说明：①明确规则，什么样的用户属于超级用户，超级用户的制度不对外，只进行门店邀请。②可以享受推荐预约订餐返利。③可以享受门店产品的分销返利。④可以得到门店的定制化服务。⑤可以参与新产品的内测，相当于门店的高级会员客户。

6.2.7　搭建门店用户流量池

门店是一个私域流量的聚集点，要通过门店所能触及的所有用户，来建立门店自己的私域流量池。建流量池的目的是能够影响到更多门店的潜在客户，能够维持门店所能够影响的用户量。

1. 地推

地推是最笨但也是最有效的办法，当附近 3 公里以内的小区都不知道你的门店时，说明门店的宣传力度还不够。先让周围 3 公里内的小区知道有你这个店，通过海报、小区公告的形式来对周边小区进行广告投放。

（1）地推活动设计

单页宣传是门店引流活动的常见形式，凭单页到店可以享受门店额外优惠活动。9.9 元享受价值 68 元的猪排，或者其他一些优惠活动。同时可建立小区团购社群，9.9 元团购鲜花也是一个很不错的方案，把周围小区的人都吸引进来，再进行营销，把门店设置成鲜花自提点。

（2）地推单页设计

单页应该包含下列元素：①门店主活动标题；②门店个人号二维码活码；③背书；④门店地址；⑤店内优惠券；⑥烤肉的照片；⑦店内照片。

2. 微信群

本地微信群是门店重要的私域流量来源，如何能够找到高质量的本地群并在群内进行高质量的引流是重中之重。

（1） 高质量群的几个渠道来源

1） 本地新媒体平台的粉丝群；

2） 新媒体上投放过广告的客户的微信群；

3） 朋友圈好友互推微信群；

4） 本地贴吧微信群；

5） 58 同城微信群引流；

6） 线下活动微信群引流。

（2） 群内做高质量引流

哪些属于我们的高质量用户，如何把他们引流到门店个人号上？

1） 群内活跃用户；

2） 群主；

3） 美食爱好者。

找到群内活跃的用户，并主动私聊添加为好友，这类人群属于有时间、爱玩微信的客户，有开发潜质。

添加微信群群主，搞好与群主的关系，与群主保持良好的互动，可以带来更多的流量。

群内的美食爱好者也是美食的传播节点，能够让更多美食爱好者加入到你们门店的微信群。

（3） 异业合作

异业合作是快速拓展流量的重要来源，先对门店周边 3 公里所有可以异业合作的门店都进行地推式洽谈，把别人的流量引进来，同时你也可以把你的流量给到异业合作伙伴，合作共赢。

异业合作门店选择的禁忌：

1） 有竞品的门店；

2） 门店消费层级不符的，如街边修车的小店就不适合推，会降低门店品牌价值；

3）品牌形象口碑不好的门店不能合作。

6.2.8 门店社群

门店社群是门店私域流量触达的重要载体之一，门店社群的功能主要有：

1）订餐；

2）活动互动；

3）激励用户；

4）群内营造从众氛围。

社群规则举例：

欢迎来到天天烤肉吃货 VIP 群，有几点规则请先阅读一下：

1. 为了避免群友受到骚扰，严禁互加好友，如果发现会被清除出群哦。

2. 群内禁发广告，发一次广告将被警告，发两次会被清除出群，如有好的产品也欢迎私聊我，给群友赠送福利。

3. 本群只交流如何吃喝玩乐，不讨论政治。

4. 群内订餐可享受优惠，请提前在群内预定。

5. 本群不定期会推出各种活动，请多多关注。

6. 本群采用群友活跃度积分系统，连续在群内发帖超过 100 天可享受价值 99 元的霸王餐一份。

社群日常活动举例：

周一，抢红包，最佳者可以享受 5 折优惠，限当周内使用。

周三，秒杀，拿出 3 份猪排，9.9 元秒杀。

周五，拼团，原价 68 元的猪排，仅需 9.9 元，3 人成团。

周日，砍价，原价 68 元的猪排，可直接砍价到 0 元。

每次活动都在早上 10 点开始，定期举办。

6.3　连锁门店如何搭建可循环变现的私域流量体系

连锁门店可分为直营连锁与加盟连锁，两种模式的私域流量体系的搭建方式有所不同。直营连锁品牌的门店总部管控力相对较强，加盟连锁品牌的门店总部管控力较弱。连锁品牌依托多门店的流量与用户品牌认知，可以较快速地建立起品牌私域流量池。对于直营连锁品牌，一般是由总部部署私域流量团队来直接运营整个品牌的流量体系，门店只需要将品牌所打造的微信个人号二维码展示给用户，邀请用户添加为好友，微信个人号由总部统一管理。不同门店的微信个人号都采用门店店长的照片作为头像，由总部统一制作朋友圈素材。

加盟制连锁品牌会由总部私域流量团队与门店流量运营团队共同搭建整个流量体系，总部流量运营团队的职责更多是给加盟店输出各类标准化文件和工作流程。

连锁加盟店的私域流量运营可分为三个阶段，第一阶段是引流，第二阶段是招募粉丝团，第三阶段是招募分销团，通过这三个阶段把流量价值最大化。

6.3.1　引流

门店引流到线上的方法有很多，可以参照前面写的如何将线上流量导流到微信个人号上的方法。无论是什么方法，都要与自己的产品相匹配。

6.3.2 招募"粉丝"团

1. 明确"粉丝"团的权益

OLAY 的"粉丝"团可以享受新品试用、明星代言人见面会、品牌折扣、品牌福利等活动的权益，将微博上的"粉丝"导入微信群内进行运营。

在制定自己品牌产品的"粉丝"团权益时，一般都会附带优惠折扣、品牌福利等，让"粉丝"团的用户感到被重视。

2. "粉丝"团的精细化运营

把用户从现有的私域流量池转化到"粉丝"团流量池内，相当于是对私域流量进行了一次筛选，选出了对品牌和产品更认可的用户。

通过微信群管理"粉丝"团，通过日常的活动运营，备注"粉丝"团用户的活跃度、参与度，将参与度高的用户筛选出来，为招募分销团做准备。

6.3.3 招募分销团

分销团是品牌私域流量变现体系的关键，如果想要留住忠诚客户，就需要用利益进行绑定。

1. 分销团管理制度

制定分销团的管理制度，如等级晋升制度、奖励机制、分销佣金等关键制度，根据产品的毛利率来核算分佣体系。

2. 内邀

早期的分销团可直接在连锁门店内的员工群体里进行招募，每一个销售员都是一个分销团长。内邀期同时也是分销体系的测试期，在这个过程中不断调整分销政策，以达到最优。

3. 预热

线上通过朋友圈、微信群进行预热，线下可使用门店内的展架、海报、桌卡等物料进行预热。

4. 招募

预热后统一在某个时间段进行招募，可以形成分销团招募的势能，越多人参加到分销团中，越容易进行后期运营。

5. 培训

制定线上线下的系统培训体系，让分销团的成员能够赚到钱，可从公司、产品、文化、引流技巧、朋友圈打造、成交等几个方面来进行培训。

6.4 私域流量运营团队

很多品牌方学习了私域流量体系之后也意识到应该重视私域流量的运营，并且应该去落地实操，但在落地执行时遇到了很大的问题，最关键的是运营团队的组建。私域流量运营团队常见的问题有：

1）没有独立团队。公司内部没有可以执行的人，学习再多的理论也是无效的。有些团队是多个部门共用，造成团队成员职责不清，落地困难。

2）没有绩效考核体系。接触过一个连锁水果店品牌，把私域流量体系的落地执行明确到了门店店员和店长，但是绩效考核体系只看重用户到店消费和门店整体业绩量，没有明确考核门店导流量、线上销售量、朋友圈社群互动量，这往往会导致执行团队还是在之前的考核体系下进行之前的工作，没有正确绩效考核激励的团队是没有战斗力的。

3）能力不匹配。有些品牌看到一线品牌在做流量体系运营，也希望能够有一线品牌的运营状态，但团队能力跟不上。不建议中小品牌仿照一线品牌来搭建运营组织框架，品牌力本身就是影响私域流量体系的很大的决定性因素。

6.4.1　私域颗粒度

在进行私域流量体系运营之前，需要先明确私域流量的颗粒度，对应精细化程度来搭配相应的团队能力。如果私域颗粒度与团队能力不匹配，也是无法形成持续循环变现能力的。

颗粒度是对品牌私域流量体系搭建精细化运营的分级描述。

1. 一级颗粒度

具有私域流量认知、有流量入口、引流至微信个人号，完成了这三个部分，才可以认定私域流量颗粒度是一级颗粒度。认知是前提，如果对私域流量没有一个正确的认知，很难达成高质量流量体系的运营规划。其次还要拥有流量入口，如线下门店、线上网店等，没有持续的流量入口，就没有将持续的私域流量变现的能力。有了流量入口之后，最基础的就是先将已有流量尽可能多地导入微信个人号体系内，就像很多餐厅或者电商，一开始并没有想好之后怎么运营变现，依然先将流量导入微信个人号体系内留存。

2. 二级颗粒度

二级颗粒度需要具有个人号矩阵、拥有两个以上的流量承载体。在一级颗粒度的基础上，首先要建立自己流量池的个人号矩阵，比如客服号、专家号和VIP服务号，不同微信个人账号对不同的用户进行服务。其次是要拥有至少两个以上的流量载体，比如微信个人号、企业微信、订阅号、服务号、小程序等，不仅要将用户留存在微信个人号体系内，还要将流量同时留存在不同的流量载体中，实现对用户的反复触达和影响。

3. 三级颗粒度

在前两级的基础上，需要对私域流量的核心承载体即微信个人号进行定位，改进人设定位、朋友圈内容发布、私聊和互动能力。不同的个人号服务不同的用户群体，根据产品形态进行定位。人设服务于定位，包含主标签、辅助标签、性格、故事、语言风格等。朋友圈是触达用户的关键点，可以对用户进行潜移默化的影响，以及通过朋友圈进行发售卖货。私聊是对不同用户进行分层管理之后的用户成交触点，针对不同的客户要有不同的成交话术。互动是指在朋友圈内对用户进行点赞、评论，与朋友圈好友产生不断的连接。

4. 四级颗粒度

四级颗粒度需要具备运营微信群，塑造专家形象，IP 有情感陪伴的能力。社群是私域流量留存、激活、变现、复购、裂变的核心载体之一，微信群的运营属于高阶的私域流量载体运营。塑造专家形象与情感陪伴是指在运营过程中，IP 具有专家人物的内容产出能力，以及能够与用户产生情感上的陪伴关系，而不只是简单的销售与被销售的关系。

5. 五级颗粒度

五级颗粒度具有用户分层、核心用户精细化运营、裂变体系及用户数据化的能力。五级颗粒度属于最高级的私域流量颗粒度等级，可以将用户进行分层管理并且能够识别出核心用户。同时拥有裂变体系，能够针对不同流量载体中的流量进行用户裂变。还能根据用户的行为画像，将用户的行为数据化，比如购买次数、浏览次数、裂变关系等。

大多数品牌私域流量体系的颗粒度是三级颗粒度，对私域流量有认知，拥有流量入口，会将流量引流到微信个人号，也拥有个人号矩阵和 2 个以上的流量承载体，对个人号进行了定位和人设，能熟练使用朋友圈，会以私聊、互动的方式触达用户。

私域流量体系需要具备的颗粒度可以根据产品与对应的用户全生命周期价值来进行衡量，客单价高、复购率高、刚需类的产品值得投入更多资源进行更高阶的私域流量运营。

6.4.2 运营力

运营力指私域流量团队的运营管理能力，对应于五级私域流量颗粒度，运营力也划分为五级。

1. 一级运营力

有时间、精力和执行能力。很多小型产品、品牌都没有对应的私域流量执行团队，大多数老板会自己或者在运营团队中找人兼职来做，重点在于负责人有没有足够的时间、精力和执行力。

2. 二级运营力

熟悉微信个人号的规则与风控体系、产品定位分析能力。在进行私域流量运营过程中，如果不懂得微信风控体系，就像没有安装杀毒软件的计算机，随时会有被大面积封号的风险。同时团队还需要产品定位分析的能力，能够分析并且描述产品对应的用户画像，包括用户在哪儿、他们喜欢什么、如何获取用户的关注。

3. 三级运营力

具备内容运营、活动运营的能力。用户留存与运营是通过内容来进行的，用户的激活则要通过各种活动来进行，内容小组生产朋友圈、微信群、私聊文案，活动小组负责策划各类用户促活的活动。

4. 四级运营力

需要具备各类工具的使用能力、精细化运营能力、SOP标准化执行手册制订能力、团队管理与激励能力。

5. 五级运营力

在前四级的基础上还要具备工具开发技术与数据分析能力。

大部分运营团队拥有的是三级运营力，可以满足基本的私域流量运营体系。

6.4.3　运营团队的职责与能力

很多品牌决定要做自己的私域流量池了，但不清楚应该配备什么样的团队，需要几个人、都负责什么、各个岗位需要具备什么样的能力，根据我们在给数百个品牌搭建私域流量管理团队的经验，一般需要配备以下团队成员。

1）运营负责人。相当于整个项目的"操盘手"，由他来主要负责整个项目的推进。这个岗位需要熟悉微信个人号、公众号、企业微信、小程序、分销平台、营销工具等，拥有微电商的运营思维，同时具备一定的微电商的运营功底和全局操盘能力的人。平时主要负责把控项目整体运营的战略方向，项目团队人员管理与资源协调，大型、常规活动的策划与执行推进，定期做项目数据分析与复盘反馈。

2）社群、个人号运营。主要负责品牌私域流量微信社群、个人号、朋友圈的日常维护，促活与变现，具有线上活动组织策划能力、用户运营管理能力。

3）设计师。主要负责产品的日常海报、各类活动图片的设计工作，需要有良好的设计审美能力，以及熟练使用各种设计软件。

4）文案。需要具有一定的文字功底、广告属性强、有较强的撰稿能力，负责各类转化文案、朋友圈内容、微信群文案，以及各类海报设计图的文案内容的准备。

5）客服。耐心，具有良好的沟通协调能力，能够比较熟练地解决售前、售中及售后的各种咨询问题。

6）销售。销售主要负责流量的转化，针对不同类型的产品匹配不同的产品销售策略，线上销售能力主要考验销售人员的社交沟通能力。

早期团队的人数不需要太多，主要应验证产品、流量的转化模型，最基础的团队中只要有运营负责人，销售，社群或个人号运营这几个岗位，就可以启动早期的流量体系搭建了。

附录 实操练习清单

实操一 梳理核心用户关系资源

名称	姓名	联系频次	备注
10 个超级客户			
50 个铁杆客户			
90 个重点客户			

客户资料卡

姓名		联系方式		主标签		亲密度		频次	

拥有的资源：

_____

需求资源：

_____

备注：

_____

实操二　每日行动清单

行动名称	行动内容	行动反馈	备注
2条原创朋友圈短文案			在行动反馈中备注互动量
1条原创朋友圈长文案			
查看30个好友的朋友圈 每个好友至少查看半年以内的朋友圈内容			
给30个好友打标签			
私聊30个好友			

实操三　每周朋友圈内容规划

周一	周二	周三	周四	周五	周六	周日
早上 7:00～9:00（起床上班前）						
中午 11:30～13:00（午休吃饭时间）						
晚上 18:00～20:00（下班路上）						
晚上 22:00 左右（躺在床上，刷朋友圈）						

周一	周二	周三	周四	周五	周六	周日
早上 7:00～9:00（起床上班前）						
早起"打鸡血"	用户见证	生活	思考	新品发售	产品优势	生活
中午 11:30～13:00（午休吃饭时间）						
专业干货	"粉丝"互动	专业干货	新品发售	专业干货	"粉丝"互动	思考
晚上 18:00～20:00（下班路上）						
"粉丝"互动	专业干货	新品发售	专业干货	用户见证	专业干货	社交
晚上 22:00 左右（躺在床上，刷朋友圈）						
产品反馈	新品发售	产品介绍	读书运动	产品反馈	新品发售	趣闻

实操四　企业微信号自我定位画布

企业微信号自我定位画布			
关键业务：我要做什么？	我的产品能给别人带来什么价值？	我的客户为什么选择我？	用户画像：我的客户是什么类型的人？
渠道来源：我的客户在哪儿？	竞品分析：我的竞品有哪些？	我跟竞品相比，有哪些优势？	重要合作：谁可以帮助我？

实操五　企业微信号人物设定

人物设定							
姓名		性别		城市		职业	
主标签							
辅助标签							
性格特征							
我的故事							

实操六 成交文案实操练习

项 目	内 容
写3条"要不"成交话术	要不我们约个时间见面,我替你做个免费测脂,让你了解指数后,你再决定要不要拿1个月的减重配套产品?
写3条限时限量成交话术	要不你先拿1套试试,不然下个月就涨价20%了?
写3条导航图成交话术	如果你使用我们的方法,配合适量的运动,我们可以保证你会达到标准的体重指数。
写3条"如果说"成交话术	如果说我建一个群,免费教大家"创意设计",大家有兴趣加入吗?感兴趣的回复"1"。

实操七 浪潮式6+1剧本化发售文案

项目	内容	配图	评论区
第一条朋友圈			
私信			
第二条朋友圈			
第三条朋友圈			
第四条朋友圈			
第五条朋友圈			
第六条朋友圈			

剧本化6+1朋友圈文案系统:提炼价值、引发好奇、价值塑造、指令行动、稀缺限量、马上开始、氛围营造、发售结束、分析复盘

实操八　朋友圈高质量内容搜集每日清单

朋友圈高质量内容搜集每日清单				
行动类目	条数	内容	类型	备注
收集 3 条高质量朋友圈素材	第一条	内容 配图 评论区		
	第二条	内容 配图 评论区		
	第三条	内容 配图 评论区